Inhalt

BRUDER ANDREW

AL JANSSEN

Für Gott
sind alle Dinge
möglich

Brunnen Verlag/Open Doors

Die amerikanische Originalausgabe erschien unter dem Titel
„The Exodus Mandate. Moses Reveals How You Can
Accomplish the Impossible"
bei Open Doors International, Santa Ana/Kalifornien.
Copyright © 2014 by Open Doors International
Ins Deutsche übersetzt von Dr. Friedemann Lux.

Die Bibelzitate sind im Allgemeinen der Übersetzung Hoffnung für alle®
entnommen, Copyright © 1983, 1996, 2002 by Biblica, Inc.®, verwendet mit
freundl. Genehmigung von *fontis* – Brunnen Basel.

Folgende Bibelverse sind als Motto dem jeweiligen Kapitel vorangestellt und
mit freundl. Genehmigung entnommen aus:
Lutherbibel, revidierter Text 1984, durchgesehene Ausgabe,
© 1999 Deutsche Bibelgesellschaft, Stuttgart:
2. Mose 2,21; 3,7-8; 7,2; Hebr. 11,26;
Revidierte Elberfelder Bibel, © 1985, 1991, 2006 SCM R. Brockhaus im
SCM-Verlag GmbH & Co KG, Witten:
2. Mose 7,1; 32,11; 34,6.

© der deutschen Ausgabe Brunnen Verlag Gießen 2015
www.brunnen-verlag.de
Umschlagfoto: Open Doors, Shutterstock
Umschlaggestaltung: Ralf Simon
Satz: DTP Brunnen
Druck: CPI – Ebner & Spiegel, Ulm
ISBN 978-3-7655-4256-5

Einleitung

Die Geschichte Israels hängt an einem Mann.

Es hätte kein Israel gegeben, mit oder ohne Bund, wäre Mose nicht gewesen. Sein Glaube, seine Entschlossenheit, sein Mut und vor allem seine Gebete änderten alles. Niemand sonst kam Gott zur Zeit des Alten Testaments so nahe wie er.

Moses Beharrlichkeit ist phänomenal. Es drängte ihn derart zur Fürbitte für die Hebräer, dass er nicht nur einmal, sondern gleich zweimal vierzig Tage lang fastete (und das fast direkt hintereinander). Es brachte ihn beinahe um, aber das war ihm egal; für die Erlösung seines Volkes war er bereit, jeden Preis zu zahlen.

Und so kann der Verfasser des Hebräerbriefs schreiben, dass Mose es für besser hielt, für Christus zu leiden, als die Schätze Ägyptens zu besitzen (vgl. Hebräer 11,26). Mose kannte Christus nicht, aber er spiegelte etwas vom Wesen unseres Erlösers wider. Jesus selbst sagte den jüdischen Theologen seiner Zeit, dass Mose von ihm geschrieben hatte: „Mose wird euer Ankläger sein – genau der, auf den ihr eure ganze Hoffnung setzt! Denn in Wirklichkeit glaubt ihr Mose gar nicht; sonst würdet ihr auch mir glauben. Schließlich hat doch Mose von mir geschrieben" (Johannes 5,45-6). Wenn Jesus uns Mose als Vorbild hinstellt, dann tun wir gut daran, uns sein Leben einmal genauer anzuschauen.

Jesus sagte: „Wer mir nachfolgen will, muss sich selbst verleugnen und sein Kreuz auf sich nehmen" (Matthäus 16,24). Genau dies hat Mose erahnt und so radikal vorgelebt wie kaum ein anderer. Er war Gott so ergeben und identifizierte sich derart mit seinem Volk, dass er dafür sein Leben, ja sein ewiges Leben riskierte. Wenn Sie den vollen Lohn eines lebendigen Glaubens erleben wollen, ist Mose ein ideales Vorbild.

Sie meinen: „So werden wie Mose, das schaffe ich nie"? Aber warum eigentlich nicht? Gott ist ein Spezialist darin, seine Leute in „unmögliche" Situationen zu führen. Je höher der Einsatz, umso mehr erleben wir sein Wirken – und lernen, wer er ist.…

Ist Ihnen schon einmal der Gedanke gekommen, dass ein einziger Schritt von Ihnen die Zukunft Ihrer Mitmenschen entscheidend verändern kann? Mose hatte keinen blassen Schimmer, dass der eine Augenblick, in dem er sich so impulsiv auf die Seite der Hebräer schlug, ihn vierzig einsame Jahre als Hirte in der Steppe kosten würde. Aber aufgrund dieses einen Schrittes gab Gott ihm einen (menschlich gesprochen) absolut verrückten Auftrag – den Exodus-Auftrag. Und danach schenkte er ihm die Mittel, die er zur Durchführung dieses Auftrags brauchte.

Denken Sie einmal an all die erlösungsbedürftigen Menschen in unserer Welt heute. Zum Beispiel an die 1,5 Milliarden Muslime. Es kann sein, dass ihr Schicksal in unseren oder Ihren Händen liegt. Nein, ich möchte Ihnen kein schlechtes Gewissen machen, ich möchte Ihre grauen Zellen anregen. Wir müssen nachdenken, uns für Gottes Sache entscheiden und beten – und dann entschlossen bereit sein zu antworten, wenn Gottes Ruf kommt. Wo Menschen von Gottes Liebe zu dieser Welt ergriffen werden, da gibt er ihnen gerne „unerfüllbare" Aufträge. Gott ist kein „zahmer" Gott. Es kann sein, dass er Sie als Werkzeug gebrauchen will, um Menschen zu retten. Wie das geht? Das zeigt Ihnen Mose.

Als Mose sich auf die Seite des Volkes Gottes stellte, opferte er seine Verwandtschaft, sein behagliches Leben und seinen Luxus. Vierzig Jahre lang sah es so aus, als ob er sich damit aufs Abstellgleis manövriert hätte. Aber es war kein Abstellgleis, es war Gottes Schule. Gott bereitete ihn auf einen gewaltigen Auftrag vor. Könnte es sein, dass Gott auch Sie gerade auf einen großen Auftrag vorbereitet, den Sie nur erfüllen können, wenn Sie alles in seine Hand legen?

Es gibt viele Bücher über Moses Leben, die sehr viel detaillierter sind als das, was Sie auf den folgenden Seiten lesen werden. Wir wollen uns in diesem Buch auf die Frage konzentrieren, warum Mose so radikal war, wie er Gottes Werkzeug zur Rettung von zwei bis drei Millionen Menschen wurde und wie wir seinem Beispiel folgen können.

Bevor wir anfangen, noch ein Hinweis: Am Ende jedes Abschnitts finden Sie ein paar Fragen unter der Überschrift „zum Nachdenken". Wir schlagen Ihnen vor, Ihre Antworten aufzuschreiben. Die großen Geschichten über Mose wären uns unbekannt, hätte Mose nicht ein „Tagebuch" geführt. Das Aufschreiben hilft Ihnen auch zu verarbeiten, was Sie mit Gott erleben, und zu erkennen, was er Ihnen zeigen will. Und wer weiß, vielleicht haben Ihre Kinder oder Enkel oder andere einmal etwas von Ihren Aufzeichnungen.

In Mose sehen wir eine Kraft, die wir heute dringend, dringend brauchen. Ob Sie es glauben oder nicht – diese Kraft können auch Sie haben! Aber man bekommt sie nicht zum Schleuderpreis. Gehen wir zu Mose und lernen wir von ihm, was sie kostet.

Teil i
Gott begegnen

~

1. Ein trotziger Glaube

Aber aus Ehrfurcht vor Gott hielten sich die Hebammen nicht an den königlichen Befehl, sondern ließen die Jungen am Leben. (2. Mose 1,17)

Unser Abenteuer beginnt mit einem Akt der Auflehnung. Zwei Frauen, Schifra und Pua, fürchteten Gott mehr als den Befehl des Pharaos. Es war legitimer Widerstand. Der erste Nährboden für Moses Charakter und Gottvertrauen war der Widerstand gegen schreiende Ungerechtigkeit.

Die Hebräer waren so zahlreich geworden, dass die Ägypter sie als Bedrohung betrachteten. Der Pharao, der die Geschichte seines Landes offenbar nicht kannte und nicht wusste, wie einst Josef einem seiner illustren Vorgänger gedient und die Ägypter gerettet hatte, sah nur die Zahlen und zog den Schluss: Im Kriegsfall werden diese Menschen gemeinsame Sache mit unseren Feinden machen. Das muss verhindert werden, und ich weiß auch schon, wie: Wir erklären die Hebräer zu Zwangsarbeitern; so viele billige Arbeitskräfte bekommen wir so leicht nicht wieder ...

Ein kluger Plan, aber er misslang. Die Ägypter zwangen zwar die Israeliten, auf den Feldern zu arbeiten und Ziegel herzustellen. Zwei große Vorratsstädte, Pitom und Ramses, zogen die billigen hebräischen Arbeiter hoch. Doch die Israeliten wurden nur noch zahlreicher, sodass die Ägypter es mit der Angst zu tun bekamen (2. Mose 1,12) – und, wie jedes Unterdrückerregime, die Daumenschrauben noch fester anzogen.

Merke: *Unterdrückungsmaßnahmen führen selten nachhaltig zu den gewünschten Ergebnissen. Ihr Scheitern führt dann meist zu einer Verstärkung der Unterdrückung, statt dass die eigentlichen Probleme angegangen werden.* Die „geniale" Lösung des Pharaos bestand darin, das Bevölkerungswachstum der Hebräer abzuwürgen. Er befahl den hebräischen Hebammen Schifra und Pua, alle neugeborenen Jungen zu töten. Doch die Hebammen machten da nicht mit. Deswegen zur Rede gestellt, hatten sie eine gute Ausrede (V. 18-21). Wussten sie, dass sie Gottes Werkzeuge waren? Möglicherweise nicht. Aber ihr Gespür für Gut und Böse war intakt und sie folgten ihm.

Die Bibel fordert uns auf, der Obrigkeit zu gehorchen. Doch wenn wir Gott fürchten, kann es Situationen geben, in denen wir uns der menschlichen Obrigkeit widersetzen müssen, weil der Gehorsam gegenüber Gott wichtiger ist. Die Regierung ist von Gott eingesetzt, um die Guten zu beschützen und die Bösen zu bestrafen (vgl. Römer 13,3-4). Doch wenn sie anfängt, die Bösen zu beschützen und die Guten zu bestrafen, müssen wir womöglich gegen ihre Anordnungen handeln. Die Folge ist, dass wir um der Gerechtigkeit willen verfolgt werden.

Ich (Bruder Andrew) wurde mit diesem Dilemma konfrontiert, nachdem mein Buch *Der Schmuggler Gottes* erschienen war. Ich wurde von Christen gefragt, ob ich das dürfte – Bibeln durch den Eisernen Vorhang schmuggeln.

War das nicht ein Verstoß gegen die Anweisung in Römer 13, der Obrigkeit untertan zu sein? Das war es in der Tat, und ich musste diesen Verstoß von der Bibel her begründen, was ich mit meinem zweiten Buch, *The Ethics of Smuggling*, tat.

Die Geschichte der Kirche war häufig eine Geschichte des Widerstands. In vielen islamisch geprägten Ländern ist der Übertritt vom Islam zum christlichen Glauben verboten, doch Hunderttausende von Menschen widersetzen sich heute diesem Verbot und folgen Jesus. Das ist nichts Neues. Es begann, als die jüdische Obrigkeit Petrus und Johannes verhaftete und ihnen verbot, öffentlich von Jesus zu reden. Darauf antworteten die Apostel: „Urteilt selbst: Ist es vor Gott recht, euch mehr zu gehorchen als ihm? Wir können unmöglich verschweigen, was wir gesehen und gehört haben!" (Apostelgeschichte 4,19-20).

Die Apostel taten also weiter, was Jesus ihnen aufgetragen hatte – in alle Welt zu gehen und das Evangelium zu verkündigen. Das erforderte Mut. Und es hatte seinen Preis. Immer wieder gerieten die Apostel in Konflikt mit der Obrigkeit; viele von ihnen erlitten den Märtyrertod.

Noch heute bezahlen etliche Christen mit ihrem Leben für ihren Glauben.

Zum Nachdenken:

Gibt es in Ihrer Familie oder Ihrem Umfeld Glaubensvorbilder wie Schifra und Pua oder die Apostel? Erinnern Sie sich an eine Begebenheit aus dem Leben dieser Menschen, an der Sie sich ein Beispiel nehmen könnten oder schon genommen haben?

2. Ein Kind darf leben

Weil die Eltern des Mose unerschütterlich an Gott glaub-
ten, hatten sie keine Angst, gegen den Befehl des Pharaos zu
handeln.   (Hebräer 11,23)

Als die Hebammen die Anordnung des Pharaos unterlau-
fen, schmiedet er einen „Plan B". Er ruft alle Ägypter dazu
auf, nach neugeborenen hebräischen Jungen Ausschau zu
halten und diese umgehend in den Nil zu werfen. Wir können uns das Entsetzen der jüdischen Mütter vorstellen!

Hier sehen wir eine klassische Strategie von Gottes Feind.
Der Satan hatte Gottes erwähltes Volk versklavt. Die Lage
der Hebräer war aussichtslos. Der Teufel wusste, dass Gott
ihnen Freiheit verheißen hatte, denn der Herr hatte Abraham gesagt, dass sie vierhundert Jahre in der Fremde leiden,
dann aber ins verheißene Land Kanaan zurückkommen
würden (1. Mose 15,13-16). Das musste Gottes Widersacher
verhindern. Deshalb zog er, als die vierhundert Jahre fast
vorbei waren, die Daumenschrauben der Verfolgung an.
Dabei gebrauchte er den Pharao als sein ahnungsloses Werkzeug. Sein Ziel: den kommenden Retter Israels zu vernichten. Dass er nicht wusste, wer dieser Retter war, stellte kein
echtes Problem dar; er musste einfach dafür sorgen, dass alle
männlichen Neugeborenen getötet wurden – eine wahrhaft
teuflische Strategie, die er noch häufiger benutzen würde
(siehe Matthäus 2).

Jetzt betreten unsere nächsten Helden die Bühne: ein
hebräisches Paar, das bereits mindestens zwei Kinder hatte – einen Sohn (Aaron) und eine Tochter (Mirjam). Die
Frau bekommt einen weiteren Sohn. Die Eltern finden

(wie wohl alle Eltern), dass es ein schönes Kind ist (vgl. 2. Mose 2,2; Hebräer 11,23), und beschließen, es zu beschützen. Weil sie auf Gott vertrauen, trotzen sie dem Erlass des Pharaos und werden dadurch zu Glaubensvorbildern. Sie halten das Kind drei Monate lang versteckt (es muss wohl ein stilles Baby gewesen sein). Und dann ... Nun, wir kennen die Geschichte, wie Moses Mutter einen Korb flicht, den kleinen Mose hineinlegt und ihn im Uferschilf des Nils aussetzt – just an der Lieblingsbadestelle der Pharaonentochter. Es war ein brillanter Plan: Eine Mutter setzt darauf, dass eine andere Frau Erbarmen mit einem hilflosen Säugling haben wird.

So beginnt die Geschichte des Mose, der in eine Welt der Unterdrückung hineingeboren wird.

Für die meisten Hebräer war Ägypten eine Falle, aus der es kein Entrinnen gab. Sie waren gebrochene Männer und Frauen, die unter der Knute ihrer grausamen Aufseher lebten. Gut, einen Hoffnungsschimmer gab es: die Erinnerung an die Erzväter Abraham, Isaak und Jakob und an die Verheißung eines Landes, das eines Tages ihren Nachkommen gehören würde. Es waren Geschichten, die von einer Generation zur nächsten weitergegeben wurden. Aber was nützten die schönsten Geschichten, wenn einem die Peitsche des Aufsehers auf den Rücken knallte, weil man nicht schnell genug schuftete?

Der Glaube seiner Eltern rettete Mose. Und dieser Glaube legte den Traum von der Befreiung seines Volkes in seine Seele. Aber was konnte ein Einzelner schon ausrichten? Immerhin wurde Mose in die königliche Familie adoptiert und wuchs in einem Palast auf, wo er alle Vorteile und Privilegien genoss, die Ägypten zu bieten hatte.

Was würde Mose mit diesen Privilegien anfangen? Würde er sich auf die Seite der Unterdrücker stellen oder auf die der Unterdrückten?

Vor diesen Fragen stehen auch wir heute.

Zum Nachdenken:

Mit welchen Taktiken versucht der Satan heute, Gottes Pläne zu vereiteln? Haben sie sich in den rund 3.500 Jahren seit dem Auszug aus Ägypten geändert? Inwieweit sind sie gleich geblieben?

---

3. Wie ein Schritt ein Leben verändert

Als Mose erwachsen war, weigerte er sich, noch länger als Sohn der Pharaonentochter zu gelten. Lieber wollte er gemeinsam mit Gottes Volk Unterdrückung und Verfolgung erleiden ... (Hebräer 11,24-25)

Mose steht vor einem runden Geburtstag. Er wird bald achtzig. Die letzten vierzig Jahre hat er in der Abgeschiedenheit von Midian verbracht. Und wie das mit Achtzigjährigen so ist, die ihr Ende herannahen sehen, denkt er viel nach.

Worüber denkt Mose nach, während er seine Schafherde auf der Suche nach dem nächsten Gras und der nächsten Wasserstelle durch die Steppe führt? Über das Wunder, dass er damals als Baby überleben durfte? Über die guten alten Zeiten im Luxus des Palastes? Über die „verlorenen" vierzig Jahre, die er fern von seinem Volk verbracht hat, ohne jede Möglichkeit, ihm in seinem Leiden beizustehen?

Über Moses vierzig Jahre im Königspalast schweigt sich die Bibel fast völlig aus. Es ist denkbar, dass er im Sonnentempel, dem „Oxford des alten Ägyptens", ausgebildet wurde. Er studierte die Hieroglyphenschrift, Literatur, Naturwissenschaften, Musik und natürlich Religion. Wahrscheinlich war er auch Offizier; manche Forscher glauben, dass die ägyptische Armee unter ihm einen triumphalen Sieg gegen die Äthiopier errang. Vielleicht war er sogar ein Anwärter auf den Pharaonenthron. All das ist natürlich Spekulation. Was wir mit Sicherheit wissen, ist, dass Mose all diese Privilegien durch einen einzigen Wutausbruch verlor.

Während der zweiten vierzig Jahre wird Mose viel über diesen schicksalhaften Augenblick nachgegrübelt haben. Als Kind und junger Mann wird er sich seiner Herkunft bewusst gewesen sein; wahrscheinlich hat er gelegentlich sogar seine Eltern besucht. Gab es vielleicht heimliche Gespräche mit seinen älteren Geschwistern Aaron und Mirjam? Bestimmt wusste er, dass sein Volk versklavt war. Überall im Reich gab es Hebräer. Im Palast begegnete er vielleicht keinen, dafür aber umso mehr auf seinen Reisen draußen im Land, wo er Zeuge ihrer Lage als Zwangsarbeiter wurde. Eines Tages beschloss er, das Los dieser Zwangsarbeiter genauer zu begutachten (2. Mose 2,11).

An diesem Tag tat er das, was sein ganzes Leben veränderte.

Wir wissen, dass Mose den Aufseher, der „einen Mann aus seinem Volk" (V. 11) schlug, mit voller Absicht bestrafte. Er schaute sich um, weil er sichergehen wollte, dass es keine Zeugen gab. Dann erst tötete er den Ägypter, was ihm als ausgebildetem Offizier ein Leichtes gewesen sein dürfte. Aber wohin mit der Leiche? Er konnte sie nur im Sand verscharren – nicht das ideale Grab, aber etwas anderes stand unserem ägyptischen Prinzen in dem Moment nicht zur Verfügung.

Und jetzt wird es richtig interessant. Mose war ein Mann des Erfolgs. Er hatte die beste Ausbildung der damaligen Welt genossen. Er war reich. Er trug die beste Kleidung. Er hatte viele Diener und große Macht. Er hatte eine goldene Zukunft vor sich. Und das alles warf er weg, weil er beschloss, sich mit den Verfolgten zu identifizieren, statt mit den Verfolgern.

Zum Nachdenken:

Wie werden Sie sich entscheiden? Sind Sie bereit, sich mit Ihren christlichen Brüdern und Schwestern zu identifizieren, die leiden müssen, weil sie Christus nachfolgen? Was bedeutet das für Ihre persönlichen Pläne und Träume?

4. Aus Überzeugung

Mose hielt die Schmach Christi für größeren Reichtum als die Schätze Ägyptens. (Hebräer 11,26)

Hat sich Mose nie überlegt, was er hätte erreichen können, wenn er im Pharaonenpalast geblieben wäre? Hätte er dort, mithilfe seiner politischen Beziehungen, nicht mehr für die Hebräer tun können als durch die Beseitigung eines einzigen ihrer Unterdrücker?

Nein. Moses Entscheidung war richtig. Aber seine Methode war allzu menschlich. Im Kampf gegen Ungerechtigkeit erreichen wir mit Reaktionen im Affekt wenig. Wir werden noch sehen, dass Mose sein ganzes Leben lang immer wieder Probleme mit der Selbstbeherrschung hatte. Aber seine Entscheidung, sich auf die Seite seiner unterdrückten Brüder zu stellen, war goldrichtig. Sie war zweifellos auch auf die Prägung durch seine Eltern und Geschwister zurückzuführen. Warum hätte er sonst auch nur für einen Tag den Luxus des Palastes verlassen? Allein von sich aus wäre er nie auf die Idee gekommen, sich das Los seiner Brüder anzuschauen. Er muss gewusst haben, wie seine Eltern ihn als Neugeborenen gerettet hatten. Er muss die Geschichten über Abraham, Isaak und Jakob gehört haben – Jakob, dessen Gebeine die Hebräer zurück nach Kanaan bringen wollten.

Wie der Verfasser des Hebräerbriefs bemerkt: „Lieber wollte er gemeinsam mit Gottes Volk Unterdrückung und Verfolgung erleiden, als für kurze Zeit das gottlose Leben am Königshof zu genießen. Für ihn waren alle Schätze Ägyptens nicht so viel wert wie Schimpf und Schande, die er für Christus auf sich nahm" (Hebräer 11,25-26).

Das Gesetz Christi war bereits in Moses Herz geschrieben. Er kannte Jesus noch nicht – das kam erst viel später. Aber er war ein Überzeugungstäter. Er sah, wie hier ein Volk ein anderes Volk unterdrückte; der Fall war mehr als klar. Wie konnte er weiter im Luxus (und der zweifellos damit einhergehenden Unmoral) des Hofes leben? Unmöglich! Mose wusste: Das hier war nicht recht! Der Wille Christi wirkte bereits in seinem Leben.

Wenn wir Prinzipien und Werte haben, können wir das Verhalten der Mächtigen besser beurteilen. Diese Leitlinien geben uns die nötigen Hilfen, um das Böse zu bekämpfen. Als Mose das Unrecht erkannte, musste er etwas riskieren. Er musste handeln.

Man mag hier einwenden: Wir können nicht erwarten, dass menschliches Handeln von Gottes Willen geleitet ist, wenn sie die Gebote Gottes nicht kennen. Nun, Mose kannte diese Gebote auch nicht; Gott offenbarte sie erst viele Jahre später. Aber Mose wusste, was recht und was unrecht war. Die Bibel sagt, dass jeder Mensch das weiß (vgl. Römer 1-3). Auch jemand, der noch nie das Evangelium gehört hat, ist bis zu einem gewissen Grad in der Lage, die richtigen ethischen Entscheidungen zu treffen.

Sie glauben das nicht? Schauen Sie sich an, wie Kinder sich verhalten. Sie wissen intuitiv, was gut und was böse ist – spätestens dann, wenn ihnen ein Unrecht geschieht. Sie kennen sicher den Protest: „Das ist unfair!" Woher haben die Kinder dieses Gespür für „recht" und „unrecht"? Und warum verlieren viele das, wenn sie erwachsen werden?

Für Mose war der Fall klar. Die einzige Frage war, ob er den Mut haben würde, etwas zu unternehmen. Das ist genau unser Problem heute. Es ist nicht so, dass wir nicht wüssten, was recht und was unrecht ist. Die Frage ist, ob wir den Mut haben, dieses Wissen in die Tat umzusetzen. Mose ließ sich intuitiv von Gottes Gerechtigkeit leiten. Später sollte er Gott genauer kennenlernen.

Der Mensch, der auf Gottes Gebote achtet, muss damit rechnen, als Fundamentalist, auf jeden Fall als intolerant abgestempelt zu werden. Das ist ein kleiner Preis für den Kampf gegen Unterdrückung und Unrecht.

Wir stehen heute immer wieder vor dieser Entscheidung. Nehmen wir nur ein Beispiel. Über hundert Millionen unserer christlichen Brüder und Schwestern in aller Welt leiden heute um der Sache Christi willen. Diese Jüngerinnen und Jünger von Jesus werden diskriminiert, inhaftiert, gefoltert, ja getötet. Werden Sie sich mit ihnen identifizieren? Für sie beten? Ihnen Mut machen und sie unterstützen?

Das war die Herausforderung, vor der ich (Bruder Andrew) bei meiner ersten Polenreise im Juli 1955 stand. In Warschau fand ich Brüder und Schwestern, denen das Regime nicht das absolute Grundrecht zugestand, eine Bibel zu besitzen. Diese Entdeckung änderte mein Leben. So wie einst Mose anfing, sich mit seinem Volk zu identifizieren, begann ich, mich mit der leidenden Kirche Jesu Christi zu identifizieren.

Zum Nachdenken:

Was bereitet Ihnen Bauchschmerzen, wenn Sie daran denken, gegen Unrecht aufzustehen?

---

5. Richtiges Handeln kostet etwas

Als der Pharao von Moses Tat erfuhr, wollte er ihn hinrichten lassen. Doch Mose flüchtete nach Midian.

(2. Mose 2,15)

Der ägyptische Prinz flieht nicht sofort, nachdem er den Ägypter getötet hat. Er kehrt in den Palast zurück, genießt sein Dinner und geht am folgenden Tag wieder zu seinem Volk. Warum? Erwartet er, dass man ihm danken, vielleicht gar einen Orden verleihen wird? Oder dass die Ältesten der Hebräer ihn bitten, ihr Anführer zu werden? Falls ja, erlebt er die Enttäuschung seines Lebens.

Mose wird Zeuge einer Prügelei zwischen zwei Hebräern und schreitet ein. Worauf der, der angefangen hat, zu ihm sagt: „Bist du unser Aufseher oder Richter? Willst du mich jetzt auch umbringen wie gestern den Ägypter?" (2. Mose 2,14). So viel zum Thema Dankbarkeit …

Mose weiß sofort, was die Stunde geschlagen hat. Seine Landsleute wollen seine Hilfe nicht. Und dann erfährt auch noch der Pharao, was er getan hat. Mose droht die Hinrichtung. Und er macht das Einzige, was ihm übrig bleibt: Er rennt um sein Leben.

Aber wo soll er hin? Weit genug weg von den Häschern des erbosten Pharaos muss es sein. Weit genug auch vom Militärstützpunkt an der Mittelmeerküste zwischen Ägypten und Gaza. Aber zu weit in den Südsinai darf er auch nicht, denn da liegen die Bergwerke, die Ägypten mit Kupfer, Türkis und anderen Edelsteinen versorgen; als junger Mann wird er die zum Schutz dieser Minen errichteten Forts besucht haben.

Und so wanderte Mose quer durch den Sinai, zum Golf von Akaba, und bog dann nach Süden ab, wo Midian lag.

Wie reiste er? Zu Fuß? Auf einem gestohlenen Kamel? Reiste er nachts und hielt sich tagsüber versteckt? Bestimmt war er ständig in Hochspannung, auf der Hut vor den Soldaten des Pharaos. Er musste über 300 Kilometer zurücklegen. Hatte er genügend Proviant dabei? Oder musste er unterwegs um Brot betteln und sich sein Wasser aus den Brunnen der Oasen holen? Vermutlich war er mehr als deprimiert. Ein Held hatte er sein wollen und jetzt das … Er hatte alles riskiert, um gegen schreiendes Unrecht anzugehen. Was hatte er sich überhaupt davon versprochen? Dass er einen Aufstand anführen würde? Dass er die Zwangsarbeiter organisieren würde, woraufhin sie ihr Joch abschütteln und in die Freiheit ziehen würden?

Wahrscheinlicher ist, dass er keinen Plan gehabt hatte. Er hatte die Folgen nicht bedacht. Er hatte nur gewusst, was recht und was unrecht war und dass die ägyptischen Herren Unterdrücker waren. Er wollte seinem Volk helfen, seine Motive waren gut. Aber gute Absichten plus ein schwaches Urteilsvermögen sind ein sicheres Rezept für ein Fiasko.

Die richtige Entscheidung führt noch lange nicht zu einem „richtigen" Ergebnis. Erwarten Sie nicht, dass die Welt Beifall klatscht, wenn Sie etwa für verfolgte Christen eintreten. Dieser Schritt wird Sie wahrscheinlich etwas kosten. Auf jeden Fall Gebet. Vielleicht aber auch Reisen, damit Sie einen leidenden Bruder oder eine Schwester persönlich trösten können. Wahrscheinlich auch Geld – Geld, das dem leidenden Leib Christi zugutekommt.

Mich (Bruder Andrew) hat es all das gekostet und noch einiges mehr.

Zum Nachdenken:

Ist es Ihnen auch schon passiert, dass Sie sich für eine gute Sache engagiert haben und das Ergebnis nicht so ausfiel, wie Sie erwartet hatten? Wollte Gott Ihnen damit vielleicht etwas zeigen?

6. Gesucht: eine neue Familie

Und Mose willigte ein, bei dem Mann zu bleiben. Und er gab Mose seine Tochter Zippora zur Frau. (2. Mose 2,21)

Als Mose endlich in Midian ist und an einem Brunnen Rast macht, ist er todmüde. Aber auch in Sicherheit – mitten in der Wüste und weit weg von Ägypten. Er weiß es noch nicht, aber er hat gerade sein Studium an Gottes Hochschule für inneres Wachstum begonnen. Gott wird ihn vom Luxus im Pharaonenpalast reinigen. Mose steht im Begriff, ein Schäfer zu werden, der tiefe Einsamkeit, harte Lebensbedingungen, kalte Nächte unter dem Sternenhimmel und sengende Hitze kennt.

Mose kommt in eine neue Familie hinein. Es ist eine romantische Geschichte. Er sitzt an einem Brunnen. Zum ersten Mal seit vielen Tagen kann er sich entspannen. Da kommen sieben junge Frauen, um die Herde ihre Vaters zu tränken. Es muss ein schöner Anblick gewesen sein. Fiel Mose eine der sieben besonders ins Auge – Zippora, seine zukünftige Frau?

Doch die Idylle endet abrupt, als andere Hirten kommen und die Frauen wegdrängen (2. Mose 2,17). Es sind Rüpel, diese Hirten, und Mose hasst Rüpel. Er hasst es, wenn Menschen andere Menschen bedrängen und unterdrücken – damals der Ägypter und jetzt die Hirten. Und er steht auf und kommt den jungen Frauen zu Hilfe (V. 17). Die rauen Hirten haben keine Chance gegen den militärisch ausgebildeten, kampferprobten Mose. Sein Eingreifen ist ein voller Erfolg und der Lohn ist etwas, das er dringend braucht: eine Familie.

Das Haupt dieser Familie ist ein Priester. In 2. Mose 2,18 wird er Reguël genannt, aber er ist besser bekannt als Jitro, der midianitische Priester (Kap. 3,1). Wir wissen nicht viel über Jitros Priesteramt. Ist er ein Priester des wahren Gottes? Wahrscheinlich nicht, aber er ist das religiöse Oberhaupt seines Stammes und Gott stellt Mose unter seinen Schutz. Mose hätte unmöglich vierzig Jahre lang alleine überleben können. Er braucht eine sinnvolle Beschäftigung. Und eine Familie, die ihm Kost und Logis bietet und wo er sich mit einem älteren Mann unterhalten kann. Jitro ist ein weiser Schwiegervater, der Mose später sogar helfen wird, die Verwaltung der Israeliten zu organisieren (2. Mose 18).

Mose bekommt auch eine Frau. Jitro braucht Ehemänner für seine Töchter und Mose ist eine gute Wahl für Zippora. Wenn er sie nicht beschützen wird, wer dann? Ist die Ehe glücklich? Wir glauben, eher nicht. Wir tun dies aufgrund der Szene in 2. Mose 4, wo Zippora hastig ihren Sohn beschneidet und darauf Mose ihren „Blutsbräutigam" nennt. Aber Mose braucht eine Frau, eine Familie. Es ist vielleicht nicht die perfekte Familie, aber welche Familie ist schon perfekt? Mose ist hochgebildet, Zippora wahrscheinlich Analphabetin. Die beiden führen wohl kaum viele hochphilosophische Gespräche. Aber Zippora ist eine loyale Ehefrau; in 2. Mose 4 rettet sie Moses Leben, indem sie etwas tut, das ihr eigentlich zuwider ist. Sie ist ein Gottesgeschenk.

Ein wunderbarer Bibelvers, den ich (Bruder Andrew) als junger Christ erleben durfte, ist Psalm 68,7: „Den Einsamen schafft er eine Familie." Das Zusammenleben in einer Familie hilft zum Abschleifen unserer Ecken und Kanten – ein wichtiger Teil der Erziehungsarbeit Gottes in unserem Leben. Doch ein Großteil der Schule Gottes für Mose vollzieht sich in der Einsamkeit des Schäferdaseins.

Zum Nachdenken:

Gott hat auch Sie in eine Familie gestellt. Wie hat er Ihre Verwandten für Ihre persönliche und geistliche Entwicklung gebraucht?

7. Mose – Kurs in Schafologie

Mose hütete die Schafe und Ziegen seines Schwiegervaters Jitro. (2. Mose 3,1)

Was wusste Mose über Gott, als er seine Ausbildung in der Wüste begann? Wahrscheinlich die wichtigsten Geschichten über Abraham, Isaak und Jakob. Und gewisse vage Verheißungen, dass sein Volk eines Tages gerettet werden würde. Aber Gott persönlich begegnet war er noch nie und das sollte sich auch so schnell nicht ändern.

Ist Ihnen schon aufgefallen, wie wichtig Schafe in der Bibel sind? Abraham, Isaak und Jakob hatten alle große Herden. Die Ägypter sahen auf die Hebräer herab, weil diese Hirten waren. Kein Geringerer als David war Hirte, bevor er König wurde. Einer der bekanntesten Psalmen ist der Psalm 23: „Der Herr ist mein Hirte …“ Jesus hat sich „den guten Hirten“ genannt (es ist die einzige Selbstbezeichnung, bei der er ein Adjektiv benutzt), und eines seiner Gleichnisse ist das vom verlorenen Schaf.

Es sollte uns also nicht überraschen, dass Gott Mose in einen Kurs „Schafologie für Fortgeschrittene“ schickte. Der Verfasser des 77. Psalms knüpfte daran an: „Durch Mose und Aaron, deine Diener, hast du dein Volk wie ein Hirte geführt“ (V. 21). Wie hätte Gott Mose besser vorbereiten können auf seine Rolle als Führer von zwei bis drei Millionen Hebräern?

Haben Sie schon einmal versucht, auch nur hundert Schafe beisammenzuhalten? Im Nahen Osten geht der Hirte seiner Herde voran und nicht hinter ihr her. Ständig sucht er nach neuen Weideplätzen. Und nach jenem Lichtreflex in der heißen Luft, der eine Wasserstelle anzeigt, sich aber nur zu oft als die nächste Fata Morgana entpuppt. Immer wieder schaut er nach, ob auch keines der störrischen Lämmer sich selbstständig gemacht hat, denn sonst muss er hinter ihm her rennen und es zurückholen.

Wahrscheinlich wusste Mose nicht, wie wichtig diese Phase seines Lebens war. Es waren ja noch nicht einmal seine eigenen Tiere. Vom Prinzen zum Hirten. Manches Mal fragte er sich wohl: Ist das der Lohn dafür, dass ich nicht weggeschaut habe?

Mose wird verzagt gewesen sein; vielleicht hatte er sogar Depressionen. Er hatte keine Zukunft und er konnte nichts daran ändern. Er besaß keinerlei Mittel, um ein Geschäft oder Unternehmen zu gründen, und wo er war, gab es keine qualifizierten Arbeitsplätze. Mose war auf die Großzügigkeit einer ausländischen Familie angewiesen.

Aus den Monaten wurden Jahre, und ganz langsam bereitete Gott Mose auf seinen großen Auftrag vor. Ahnte Mose, was da mit ihm geschah? In den vierzig Jahren als Hirte in der arabischen Wüste hatte er jede Menge Zeit zum Nachdenken. Worüber dachte er nach? Bestimmt vermisste er seine Verwandten in Ägypten – sowohl seine leiblichen Eltern und Geschwister als auch seine Adoptivmutter und die Pharaonenfamilie.

Dachte er viel über Gott nach? Erinnerte er sich, wenn er in schlaflosen Nächten zum Himmel hochsah, an Gottes Verheißung an Abraham, ihn zu einem großen Volk zu machen, unzählbar wie die Sterne? Nun, diese Verheißung war erfüllt. Aber hatte Gott nicht auch versprochen, das Volk zurück in das Land Abrahams zu führen? Warum tat er es nicht endlich? Oder war das nur ein frommer Wunsch?

So viel zu den Nächten. Was bedeutete Gott am Tag für Mose? Fragte Mose sich: Sieht Gott überhaupt, wie ich hier als Schaf- und Ziegenhirte verkümmere? Denkt er noch an meine Verwandten zu Hause in Ägypten? Werden meine Eltern und Geschwister als Sklaven sterben, eine weitere enttäuschte Generation wie schon so viele vor ihnen? Warum hat Gott mir diese Menschen aufs Herz gelegt – wenn es denn wirklich sein Werk war – und mich dann hier sitzen gelassen, wo ich noch nicht einmal einen Hebräer befreien kann, geschweige denn das ganze Volk? Nach vierzig Jahren in der Wüste mag er mehr als einmal gedacht haben: Was ist denn meine Lebensbilanz? Achtzig Jahre und nichts erreicht! Es ist alles so sinnlos …

Dachte Mose so? Dann näherte er sich dem Punkt, wo Gott ihn gebrauchen konnte. Aber das wusste Mose natürlich nicht. Geht es Ihnen manchmal auch so wie Mose? Dann habe ich eine gute Nachricht für Sie: Egal, wie alt Sie sind, Gott hat einen Plan für Ihr Leben! Er will und wird Sie gebrauchen. Sind Sie bereit, geduldig zu warten, bis Gott Ihnen seinen Willen zeigt? Wir erinnern uns: Mose versuchte, Gott aus eigener Kraft zu dienen – und scheiterte jämmerlich. Worauf er es aufgab und sich in das Los eines Schaf- und Ziegenhirten schickte. Er ahnte nicht, dass Gott ihm bald zeigen würde, wozu sein Leben gedacht war.

Erfüllen Sie treu Ihre Alltagspflichten, auch wenn sie Ihnen grau, ja sinnlos vorkommen? Schafe hüten ist nicht sinnlos und das, was Sie tun, ist es auch nicht. Gott gebraucht Ihre Arbeit, um Sie zu prägen. Wenn wir lernen, in den kleinen Dingen des Lebens treu zu sein, kommt vielleicht der Tag, an dem Gott durch uns die großen, „unerfüllbaren" Dinge tun kann.

Zum Nachdenken:

Haben Sie in Ihrer Gottesbeziehung auch „Wüstenzeiten" erlebt? Haben Sie vielleicht den Eindruck, dass Sie im Augenblick in der „Wüste" sind? Was haben Sie in Ihrer „Wüste" gelernt bzw. was will Gott Ihnen gerade zeigen?

8. Begegnung mit dem Feuer

Dort erschien ihm der Engel des Herrn in einer Flamme, die aus einem Dornbusch schlug. Als Mose genauer hinsah, bemerkte er, dass der Busch zwar in Flammen stand, aber nicht niederbrannte. (2. Mose 3,2)

Ein Jahr nach dem anderen ging vorüber und Gott schien immer noch kein Auge zu haben für Mose oder die Kinder Israels. Die Zukunft sah immer dunkler aus.

Was für eine Hoffnung hatten die Hebräer? Sie kannten nur Leiden und noch einmal Leiden. Tag für Tag wurden sie ausgebeutet und bedrückt. Sie lebten und starben als Sklaven. Erzählten sie ihren Kindern die alten Erzvätergeschichten? Bestimmt, aber nach Jahrzehnten, inzwischen sogar Jahrhunderten, klangen diese Geschichten allmählich wie so viele Weihnachtsmärchen, die die Israeliten keinen Schritt näher zur Freiheit brachten.

Es war eine wahrhaft hoffnungslose Situation und wir sollten sie nicht kleinreden. Nur Gott selbst konnte die Hebräer noch retten. Und sie schrien zu ihm um Hilfe; zu wem hätten sie auch sonst rufen sollen? Aber der Himmel schwieg.

Mose wurde nicht unterdrückt. Aber bestimmt fragte auch er sich mehr als einmal, wenn er einsam seine Herde durch die Steppe führte, ob Gott sich überhaupt noch für sein Volk interessierte und wie er so ein verbrecherisches Elend seit Jahrhunderten zulassen konnte.

Vierzig Jahre zuvor, als Mose jung und stark war, hatte der Wunsch in ihm gebrannt, etwas zu tun. Jetzt war er ein alter Mann. Achtzig ist ein gutes Ruhestandsalter für einen

Hirten. Gib die Arbeit in jüngere Hände, genieße deine Enkelkinder und ruh dich aus, bis du eines Morgens nicht mehr aufwachst … Aber Mose hütete weiter seine Schafe und Ziegen. Er trieb die Herde um einen Berg herum – einen von vielen Bergen in der Gegend. Es war kein besonderer Tag und es war kein besonderer Berg. Es war ein Berg wie Dutzende andere. Nichts deutete darauf hin, dass sich in Moses Leben etwas ändern würde. Bis Gott kam.

Was gebraucht Gott, um jemanden auf sich aufmerksam zu machen? Zum Beispiel einen Strauch mit Dornen, der brennt, aber nicht verbrennt. Mose denkt: „Merkwürdig, warum verbrennt der Busch nicht? Das muss ich mir aus der Nähe ansehen" (2. Mose 3,3). Oder vielleicht, moderner übersetzt: Endlich ist hier mal etwas los! Das muss ich mir angucken, die Schafe laufen mir schon nicht weg.

Es war der Beginn einer geschichtsträchtigen Begegnung. David sang viel später in einem Lied: „Gott weihte Mose in seine Pläne ein" (Psalm 103,7). Das ist der Schlüssel, um all das verstehen zu können, was jetzt kommt. Hier an dem heiligen Berg fing Gott an, sich Mose zu offenbaren. Bis Jesus zur Erde kam, hat kein anderer Mensch die Nähe zu Gott auch nur annähernd so erlebt wie Mose. Es war eine einzigartige Beziehung und sie begann dort an dem brennenden Busch, dauerte vierzig Jahre fort und gewann in diesen Jahren eine Tiefe, die fast erschreckt. Die Bibel erzählt uns, dass Gott Mose gleichsam von Angesicht zu Angesicht begegnete, „wie Freunde miteinander reden" (2. Mose 33,11).

Wollen wir das auch – Gott so nahe sein? Die meisten werden wahrscheinlich mit „Nein" antworten, denn so eine Beziehung hat ihren Preis und ist definitiv nicht harmlos.

Aber sie ist ein Abenteuer, das man nicht verpassen sollte. Im Alten Testament war Moses Freundschaft mit Gott ein absoluter Ausnahmefall; im Neuen Testament sagt Jesus uns, dass durch ihn jeder Gott kennenlernen kann. In Jesus nahm Gott Fleisch und Blut an, damit die Menschen mit ihm reden, ihn anfassen und in sein Herz schauen konnten.

Der Apostel Paulus betete: „Christus will ich immer besser kennenlernen und die Kraft seiner Auferstehung erfahren, aber auch seine Leiden möchte ich mit ihm teilen" (Philipper 3,10). Dieser „Kraft" begegnete Mose an dem brennenden Busch. Eben war noch alles hoffnungslos gewesen – jetzt war Gott da, und die Verzweiflung wich der Verheißung!

Wir können hier und heute die gleiche Nähe zu Gott erleben, auch ohne brennenden Busch.

Zum Nachdenken:

Möchten Sie Gott wirklich kennenlernen – mit ihm reden, in sein Herz schauen? Was macht Ihnen bei diesem Gedanken Angst? Was begeistert Sie?

---

9. Wenn Gottes Sorge meine Sorge wird

Der Herr sagte: „Ich habe gesehen, wie schlecht es meinem Volk in Ägypten geht ... "   (2. Mose 3,7)

Mose traf eine weise Entscheidung, als er anfing, sich mit Gottes Volk zu identifizieren. Doch vierzig Jahre lang schien ihm dieser Schritt sinnlos zu sein. Wäre es für die Hebräer nicht besser gewesen, wenn er ein ägyptischer Prinz geblieben wäre? Dann hätte er seine Beziehungen spielen lassen können, um wirklich zu helfen. Aber dann hatte er einen Einzigen der Unterdrücker getötet – und sich damit völlig unnötig geoutet.

Doch schlimmer noch: Gott schien nichts für sein Volk zu unternehmen. Da hatte sich Mose weit zum Fenster hinausgelehnt und sehr viel riskiert – und Gott kümmerte das alles nicht. Dachte Mose. Aber in Wirklichkeit war seine Solidarität mit den Hebräern goldrichtig gewesen. Jeder Akt der Unterdrückung war einer zu viel, und jeder einzelne Übergriff symbolisierte die Unterdrückung eines ganzen Volkes.

Wir vergessen leicht, dass Gottes Uhren anders gehen als unsere. Was für uns tausend Jahre sind, ist für ihn wie ein Tag oder wie eine Stunde Schlaf (vgl. Psalm 90,4). Nach Gottes Uhr war noch nicht einmal ein Tag vergangen, seit Josef seine Familie aus Kanaan nach Ägypten geholt hatte.

Wusste Mose, dass Gottes Uhr anders geht? Wenn ja, war dieses Wissen wohl für ihn nicht sehr tröstlich. Vierhundert Jahre sind eine lange Zeit für uns Menschen. Vierzig Jahre auch. Mose brauchte endlich etwas Greifbares, und er bekam es am brennenden Busch. Gott offenbarte sich ihm als „der Gott deines Vaters, der Gott Abrahams, der Gott Isaaks und der Gott Jakobs" (2. Mose 3,6). Interessant, dass Gott hier zuerst Moses Vater nennt!

Dann kommt er gleich zur Sache:

„Ich habe gesehen, wie schlecht es meinem Volk in Ägypten geht, und ich habe auch gehört, wie sie über ihre Unterdrückung klagen. Ich weiß, was sie dort erleiden müssen. Darum bin ich gekommen, um sie aus der Gewalt der Ägypter zu retten. Ich will sie aus diesem Land herausführen und in ein gutes, großes Land bringen, in dem Milch und Honig fließen" (2. Mose 3,7-8).

Diese Worte zeigen, dass Gott die Lage seines Volkes sehr genau kannte. Er kannte sein Leid und er hatte einen Plan: Er würde es aus Ägypten herausführen und in ein neues, gutes Land bringen, in ein Land, in dem es bestens versorgt wäre.

Gott geht hier nicht in die Einzelheiten. Er demonstriert einfach, dass er sein Volk nicht vergessen hatte. Wir sind ihm nicht egal. Als Mose diese Worte hörte, wurde Gottes Anliegen zu seinem Anliegen. Wenn wir die richtige Entscheidung treffen und uns mit Gottes Volk identifizieren, dann wird Gott uns früher oder später in sein Herz schauen lassen.

Zum Nachdenken:

Liegt Ihnen ein bestimmter Mensch oder eine Gruppe von Menschen am Herzen? Wenn ja, was glauben Sie, was Gott mit diesem/diesen Menschen vorhat?

---

10. Wieder einmal ein brennender Busch

Ich habe das Elend meines Volkes ... gesehen und ihr Geschrei über ihre Bedränger gehört ... Und ich bin herniedergefahren, dass ich sie errette ... (2. Mose 3,7-8)

Gott möchte, dass wir seine Herzensanliegen kennen, sein Erbarmen spüren, uns seine Prioritäten zu eigen machen.

An einem bitterkalten Märztag des Jahres 1989 hatte ich (Al Janssen) ein Dornbusch-Erlebnis auf dem Roten Platz in Moskau. Es war meine erste Reise hinter den Eisernen Vorhang. Als ich gerade zum Leninmausoleum ging, hörte ich plötzlich hinter mir jemanden schreien. Ich drehte mich um und sah, ganze zehn Meter entfernt, einen Mann, der lichterloh brannte. Fast sofort waren zwei Soldaten zur Stelle und ein Polizeiauto schoss an mir vorbei und hielt bei dem Mann an. Die Soldaten stießen ihn zu Boden und rollten ihn hin und her, um die Flammen, die schon seine Hosen verbrannt hatten, zu löschen. Dann öffnete sich die Hecktür des Polizeiwagens, und die Soldaten warfen den vor Schmerzen stöhnenden Mann auf die Rückbank. Der Wagen schoss mit Blaulicht davon. Der ganze Vorfall hatte keine halbe Minute gedauert.

Als mein erster Schock vorbei war, fragte ich meinen Dolmetscher, was dieser Mann da geschrien hatte. Der Dolmetscher antwortete: „Die Kommunisten haben meine Familie ausgelöscht, deshalb will ich auch nicht mehr leben."

Am Abend konnte ich nicht einschlafen. Um Mitternacht herum stand ich auf, verließ das Hotel und ging die Gorkistraße hinauf zum Roten Platz. Kein Mensch war zu sehen. Der sachte fallende Schnee legte eine weiße Decke über den berühmten Platz, wo vor ein paar Stunden ein Verzweifelter sich das Leben hatte nehmen wollen. Ich trat zu der Stelle und musste denken: Kaum jemand hat das mitgekriegt. Es waren keine Fernsehkameras da, um diesen Protest für die Nachwelt festzuhalten. Keiner weiß, wie der Mann heißt; seine Freunde und Verwandten werden wahrscheinlich nie erfahren, was hier passiert ist.

Da hörte ich ganz deutlich eine Stimme in mir: Aber ich war dabei! Der Schrei dieses Mannes ist der Schrei des russischen Volkes. Ich habe sein Schreien vernommen und werde seine Gebete erhören! Es sollte noch zwei Jahre dauern, bis diese Worte für mich wirklich einen Sinn ergaben, aber damals wurde mir zum ersten Mal klar: Gott kannte ja das Leid dieses Volkes und wollte, dass auch wir es kannten.

Ich erhielt an jenem Tag noch keinen Auftrag; das kam erst später. Aber mein Herz war geöffnet worden. Ich fing an, Gottes Mitleid zu sehen, und betete zum ersten Mal ein Gebet, das vielleicht auch etwas für Sie ist: „Herr, lass mich das sehen, was du siehst, das hören, was du hörst, und das spüren, was du spürst." Wenn wir so beten, wird das, was Gottes Herz bewegt, bald auch zu unserem Herzensanliegen werden.

Zum Nachdenken:

Möchten Sie dieses Gebet nachsprechen? Wenn ja, rechnen Sie damit, dass Gott Ihnen etwas zeigen wird.

---

11. Der Exodus-Auftrag

Ich sende dich zum Pharao, denn du sollst mein Volk Israel aus Ägypten herausführen! (2. Mose 3,10)

Wer – ich?? Soll das ein Witz sein?

Haben Sie das auch schon einmal gedacht?

Erst erkennt Mose, dass Gott sein Volk in seinem Herzen trägt; Gott hat es nicht vergessen, er kennt sein Leid und er hat vor, etwas zu unternehmen. Und dann fordert Gott Mose auf, sein Partner zu werden.

Wenn wir zu Gott beten, sollten wir darauf gefasst sein, dass womöglich wir selbst die Erhörung unserer Gebete sind. Was sagt Gott hier zu Mose? Wir können es so ausdrücken: „Okay, Mose, du weißt jetzt, dass ich die Israeliten nicht vergessen habe. Heute ist dein Glückstag, denn du bist die Antwort auf ihre Gebete! Du wirst mein Volk aus der Sklaverei befreien und aus Ägypten herausführen." Dies ist Gottes Exodus-Auftrag.

Moses Antwort ist nur zu verständlich: „Ich soll zum Pharao gehen und die Israeliten aus Ägypten herausführen? Wer bin ich schon?" (V. 11) Vierzig Jahre zuvor hätte Mose vielleicht ganz anders geantwortet, zum Beispiel so: „Gott, ich bin genau der richtige Mann für dich! Ich habe Zugang zum Pharaonenhof, ich kenne die Sprache, ich habe die richtige Ausbildung, alles! Auf mich muss der Pharao hören. Ich habe schon ein paar Pläne auf Lager. Ich kann das Volk organisieren und wenn die ägyptische Armee uns stoppen will – ich kenne ihre Taktiken und ich kenne auch die Gegenmittel. Lass mich nur machen!"

Die vierzig Wüstenjahre haben Mose von diesem Größenwahn kuriert. Jetzt kennt er seine Grenzen. Achtzig Jahre ist er alt und dieser Job hier ist eindeutig etwas für einen Jüngeren. Seine ägyptischen Sprachkenntnisse sind eingerostet. Was seit seiner Flucht in Ägypten passiert ist, welche Partei inzwischen am Hof das Sagen hat – er hatte keine Ahnung. Internet, E-Mail- oder Facebook-Kontakte zu Freunden und Verwandten: Fehlanzeige. Vierzig Jahre zuvor hätte er sich für den richtigen Mann gehalten, jetzt wäre er der Garant für eine Katastrophe. Mit anderen Worten: Gott hatte ihn endlich dahin gekriegt, wo er ihn haben wollte. Mose begreift: Diese Aufgabe ist drei Schuhnummern zu groß für mich.

Gottes Antwort auf Moses Frage? „Ich stehe dir bei" (V. 12).

Zum Nachdenken:

Hat Gott auch Ihnen einen „unerfüllbaren" Auftrag gegeben? Wie lautet er?

12. Du bist nicht allein!

Ich stehe dir bei und gebe dir ein Zeichen, an dem du erkennst, dass ich dich gesandt habe. (2. Mose 3,12)

Wenn wir die Bibel lesen, merken wir, dass Gott ein Spezialist im Erteilen unerfüllbarer Aufträge ist. Seit Tausenden von Jahren macht er das schon. Zum Beispiel:

- Noah, bau ein Schiff, das 150 Meter lang und drei Stockwerke hoch ist!
- Abraham, bring mir deinen eigenen Sohn als Opfer dar!
- Josua, greife mit deiner Armee das uneinnehmbare Jericho an!
- Gideon, besiege das ganze midianitische Heer mit nur 300 Mann!
- David, tritt gegen den Riesen Goliat an!
- Jona, geh nach Ninive, der Hauptstadt deiner Erzfeinde, und predige ihr mein Gericht!
- Elia, fordere 450 Baalspropheten zu einem heiligen Duell heraus!

Und so weiter und so fort. Ein Wahnsinnsauftrag nach dem anderen. Warum eigentlich? Weil es lauter Unternehmungen sind, die menschenunmöglich sind. Mit anderen Worten: Gott selbst muss eingreifen und das Unmögliche tun, und damit bekommt er allein die Ehre!

Jesus machte genau das Gleiche mit seinen Jüngern. Da predigt er vor fünftausend Männern (plus deren Frauen und Kindern). Die Jünger bitten ihn, die Menschen zu entlassen, damit sie sich etwas zu essen besorgen können. Was antwortet Jesus? „Gebt ihr ihnen zu essen!" (Matthäus 14,16) Wir? Wie denn? Wir haben nur fünf Brote und zwei Fische! Aber das genügt, wenn wir es Jesus geben.

Jesus will, dass wir das Evangelium in die ganze Welt tragen und alle Völker zu Jüngern machen. Jeder von uns hat seinen Platz in diesem Plan. Da geht die eine Familie nach Afrika, ein anderes Ehepaar in den Nahen Osten, ein drittes Team in den Regenwald am Amazonas. Christen stellen das nötige Geld zur Verfügung, versorgen Arme, bauen Krankenhäuser, kämpfen gegen Aids, geben Obdachlosen zu essen und ein Dach über dem Kopf, bauen Schulen in Armenvierteln, holen Frauen aus der Zwangsprostitution heraus und so weiter.

Ohne Gottes Hilfe läuft hier nichts. Jesus sagt dazu:

„Ich bin immer bei euch, bis das Ende dieser Welt gekommen ist!" (Matthäus 28,20)

„Dann werde ich den Vater bitten, dass er euch an meiner Stelle einen Helfer gibt, der für immer bei euch bleibt" (Johannes 14,16).

„Der Heilige Geist, den euch der Vater an meiner Stelle als Helfer senden wird, er wird euch an all das erinnern, was ich euch gesagt habe, und euch meine Worte erklären" (Johannes 14,26).

„Ich bin der Weinstock und ihr seid die Reben. Wer bei mir bleibt, so wie ich bei ihm bleibe, der trägt viel Frucht. Denn ohne mich könnt ihr nichts ausrichten" (Johannes 15,5).

„Nicht ihr habt mich erwählt, sondern ich euch, damit ihr euch auf den Weg macht und Frucht bringt, die bleibt. Dann wird euch der Vater alles geben, worum ihr ihn in meinem Namen bittet" (Johannes 15,16).

Diese Bibelverse – es gibt noch viel mehr – zeigen uns: Wenn Gott uns einen Auftrag gibt, schenkt er uns auch die Mittel, um ihn auszuführen. Sie meinen, genau diese Mittel fehlen Ihnen? Sie brauchen Gott nur darum zu bitten.

Mose hatte einen Auftrag bekommen, den er menschlich gesehen unmöglich erfüllen konnte. Ohne Gott war an Erfolg noch nicht einmal zu denken. Aber Gott gab Mose alles, was er brauchte.

Zum Nachdenken:

Wie ehren Sie Gott, wenn Ihr „unerfüllbarer" Auftrag erfüllt ist? Was für Mittel hat er Ihnen gegeben? Sie kommen sich ungenügend ausgerüstet vor? Dann bitten Sie Gott, Ihnen das zu geben, was Sie brauchen.

13. „Ich bin"

Mose entgegnete: „Wenn ich zu den Israeliten komme und ihnen sage, dass der Gott ihrer Vorfahren mich zu ihnen gesandt hat, werden sie mich nach seinem Namen fragen. Was sage ich dann?" (2. Mose 3,13)

Mose hat ein echtes Problem. Er erkennt, dass er in Ägypten nicht in seinem eigenen Namen auftreten kann. Er kennt Ägypten. Er weiß, mit was für Mächten er es dort zu tun haben wird. Die Macht des Pharaos, die Tempel der ägyptischen Götter, nicht zu vergessen die Peitschen der Aufseher über die Zwangsarbeiter – es reicht, um die Israeliten das Fürchten zu lehren.

Seit Jahrhunderten kennt das Volk Israel den Gott, der seinen Vätern erschienen ist. Es ist ein Gott ohne Namen. Ägypten dagegen ist voll von Göttern mit Namen: Osiris (der Gott des Nils oder des Jenseits), Heket (die Froschgöttin), Geb (der Erdgott). Und Chepre, der Sonnengott, dargestellt als Käfer. Mose soll im Auftrag eines namenlosen Gottes sprechen? Unmöglich!

Die Götter des Nils, der Frösche und Käfer? Erinnert Sie das an etwas? Richtig, an die ägyptischen Plagen. Schon bald wird der Gott, der zu Mose redet, in jeder der Plagen einen anderen ägyptischen Gott mit seiner Macht konfrontieren. Er wird für alle sichtbar machen, dass er größer ist als der mächtige Nil, dass er der Herr über die Frösche, Mücken, Fliegen und Käfer ist wie auch über die Götter des Viehs, des Wetters und der Bäume. Selbst der große Sonnengott Ra bekommt sein Fett ab, mit der Finsternis-Plage. Die zehnte und letzte Plage wird schließlich jedes einzelne Haus in ganz Ägypten betreffen, den „Gott" Pharao bloßstellen und demonstrieren, dass er nicht retten kann. Israel dagegen wird durch das Blut eines Lammes bewahrt bleiben.

Der Gott Israels muss also seinen Namen offenbaren. Zuerst sagt er: „Ich bin, der ich bin" (2. Mose 3,14) bzw. „Ich werde sein, der ich sein werde" (beide Übersetzungen sind möglich). Das hebräische Wort für „Ich bin" ist Jahwe. Mose soll den Israeliten erklären: „Der ‚Ich bin' hat mich zu euch gesandt" (2. Mose 3,14). Mit diesem Namen zeigt Gott, dass er in sich selbst existiert, nicht erschaffen ist und von nichts und niemand anderem definiert wird. Es ist ein echter Meilenstein in der Geschichte der Menschheit: Gott, der ewige Geist, der das Universum aus dem Nichts heraus ins Sein gesprochen hat, der die Erde schuf und danach den Menschen, in den er das Leben hineinblies – dieser Gott stellt sich hier in aller Form vor.

Im Neuen Testament gewinnt dieser Name „Ich bin" sogar noch mehr Bedeutung: Jesus verwendet ihn wiederholt, um den Menschen zu zeigen, wer er ist. Jesus sagt:

- Ich bin das Brot des Lebens.
- Ich bin das Licht der Welt.
- Ich bin der gute Hirte.
- Ich bin die Auferstehung und das Leben.
- Ich bin der Weg, die Wahrheit und das Leben.
- Ich bin der wahre Weinstock.

Doch Gott gibt noch eine zweite Antwort auf die Frage des Mose nach seinem Namen. Mose soll den Israeliten sagen: „Ja, der Herr hat mich geschickt, der Gott eurer Vorfahren, der Gott Abrahams, Isaaks und Jakobs. – Denn das ist mein Name für alle Zeiten. Alle kommenden Generationen sollen mich mit diesem Namen anreden, wenn sie zu mir beten" (2. Mose 3,15). Und damit Mose die Bedeutung dieses Namens auch bestimmt versteht, wiederholt Gott ihn gleich im nächsten Vers.

Gott ist der große „Ich bin", der Schöpfer aller Dinge. Und er ist auch ein persönlicher Gott – der Gott deiner Vorfahren, Mose und – jawohl – dein Gott! Gott sagt hier, dass er nicht nur der Gott solcher Glaubenshelden wie Abraham, Isaak und Jakob ist. Er ist der Gott jedes einzelnen Hebräers, der in Ägypten in der Sklaverei lebt. Er ist der Gott jedes Menschen heute, der in den Ketten der Sünde lebt. Er ist ein persönlicher Gott. Wohlgemerkt: ein persönlicher Gott, kein privater Gott! Dies ist der Gott, der das Volk Israel in die Freiheit führen wird. Er wird ein ganzes Volk befreien und er wird jeden Einzelnen in diesem Volk befreien.

Dieser Gott, der Israel aus den Ketten der Sklaverei in Ägypten befreit hat, kann auch dich und mich aus den Ketten der Sünde befreien.

Zum Nachdenken:

Was sagen Ihnen die beiden Namen, die Gott Mose offenbart, darüber, wer Gott ist?

---

14. Einladung zum Gespräch

Mose entgegnete ... (aus 2. Mose 3,13)
Gott antwortete ... (aus 2. Mose 3,14)
Mose wandte ein ... (aus 2. Mose 4,1)
Der Herr aber forderte ihn auf ... (aus 2. Mose 4,4)

Einige der schönsten Beobachtungen aus dem Leben der Glaubenshelden des Alten Testament ist, wie sie mit Gott reden. Und nicht nur reden, sondern sich richtig mit ihm streiten, debattieren, verhandeln, anderer Meinung sind, Vorschläge machen und Kompromisse schließen. Diese Gespräche sind in der Bibel sehr wahrscheinlich nicht komplett aufgezeichnet, sondern (aus Platzgründen) nur ihre wichtigsten Stellen – die Glanzpunkte.

Nehmen wir nur Abraham in 1. Mose 18. Gott stattet ihm gemeinsam mit zwei Begleitern einen unerwarteten Besuch ab und Abraham, ganz der gastfreundliche Orientale, lädt die drei zum Essen ein. Nach dem Mahl begleitet er Gott noch ein Stück auf seinem Weg und der Herr offenbart ihm, dass er Sodom und Gomorra vernichten wird. Abraham ist bestürzt; in Sodom wohnt doch sein Neffe Lot mit seiner Familie! „Willst du wirklich Unschuldige und Schuldige zusammmen vernichten?", fragt er. „Vielleicht findest du ja fünfzig Leute in der Stadt, die nichts Böses getan haben und dir dienen. Willst du die Stadt nicht um ihretwillen verschonen?" (1. Mose 18,23-24)

Eine gute Frage. Aber Abraham geht noch weiter. Er kritisiert Gott regelrecht: „Es wäre unrecht von dir, Sodom ganz zu vernichten! ... Du bist der Richter der ganzen Welt und willst gegen die Gerechtigkeit verstoßen?" (V. 25)

Abrahams Ton verschlägt einem fast die Sprache. Wie kann ein Mensch es wagen, gegen Gott aufzumucken? Aber Gott antwortet (vielleicht mit einem Lächeln): „Wenn ich in Sodom fünfzig Unschuldige finde, werde ich um ihretwillen den ganzen Ort verschonen" (V. 26).

Gut gemacht, Abraham. Aber der ist noch nicht zufrieden. Was, wenn es fünf weniger sind als fünfzig? „Willst du wegen der fehlenden fünf die ganze Stadt zerstören?" Und Gott antwortet: „Wenn ich fünfundvierzig finde, verschone ich die Stadt" (V. 28).

Jetzt beginnt Abraham einen regelrechten Verhandlungspoker. „Was wirst du machen, Gott, wenn es nur vierzig Unschuldige sind?" Gott lässt sich auf die vierzig herunterhandeln, dann auf dreißig, zwanzig und zum Schluss auf zehn: „Die zehn werden verschont bleiben und ebenso die ganze Stadt" (V. 32).

Warum macht Abraham bei zehn Schluss? Warum nicht bis auf fünf heruntergehen (das wäre Lots Familie plus eine Person gewesen)? Glaubt Abraham, dass es mindestens zehn Gerechte in Sodom geben muss? Aber der springende Punkt ist, dass Gott sich auf Abrahams Feilschen einlässt. In den folgenden Jahrhunderten machen andere jüdische Gottesmänner es wie Abraham:

Ein ausgebrannter Elia klagt Gott, dass er der einzige Prophet ist, den es noch gibt. Gott korrigiert seine Vorstellungen: Es gibt noch siebentausend andere, die ihre Knie nicht vor Baal gebeugt haben.

Ein schmollender Jona fragt Gott, warum er nicht wie versprochen Ninive zerstört hat. Gott macht ihm geduldig klar, dass er Erbarmen mit der Stadt hatte.

Als Daniels Gebete nicht erhört werden, bohrt er unverdrossen weiter – und bekommt von Gott eine Erklärung für die Verzögerung.

Die Psalmen zeigen uns, dass wir Gott buchstäblich alles sagen können, was wir auf dem Herzen haben.

Mose ist von Anfang an ein Gottesknecht, der nicht nur Anweisungen entgegennimmt. Er ist engagiert, schlägt Alternativen vor, versucht zu erklären, warum er nicht der Richtige für den Job ist. Und Gott geht geduldig auf jeden seiner Einwände ein und wird erst zornig, als Mose ihn bittet, lieber jemand anderen zu senden (2. Mose 4,13).

Wie typisch! Heute scheinen bei uns viele Männer auf Gottes Ruf zu antworten: „Herr, hier bin ich, schicke meine Schwester!" (Wussten Sie schon, dass es viel mehr Missionarinnen als Missionare gibt? Da fragt man sich, wie viele christliche Männer Gottes Ruf ignoriert haben ...) Doch selbst jetzt geht Gott auf Mose ein; er verspricht ihm, dass sein Bruder Aaron ihm helfen wird. Ende der Diskussion. In den nächsten vierzig Jahren redet Mose immer wieder mit Gott und ihr Verhältnis wird immer enger – mit einiger Sicherheit kann man sagen, dass vor Jesus niemand eine so enge Beziehung zu Gott hatte wie Mose.

Ist so eine Nähe zu Gott für uns heute möglich? Gott von Angesicht zu Angesicht begegnen wie Mose können wir ja nicht. Oder vielleicht doch? Als Jesus auf Golgatha starb, zerriss der Vorhang vor dem Allerheiligsten im Tempel von oben bis unten; durch das Blut von Jesus können buchstäblich alle vor den heiligen Gott treten. Jeder von uns kann die innige Beziehung zum allmächtigen Gott haben, die Mose hatte.

Paulus schreibt: „Jetzt können wir zu jeder Zeit furchtlos und voller Zuversicht zu Gott kommen, weil wir an Jesus glauben" (Epheser 3,12).

Zum Nachdenken:

Treten Sie auch furchtlos und voller Hoffnung vor Gott?
Warum bzw. warum nicht?

GOTT GEHORCHEN

~

15. Der Auftrag

Mose wandte ein: „Die Israeliten werden mir nicht glauben und nicht auf mich hören. Sie werden sagen: ‚Der Herr ist dir gar nicht erschienen!‘" (2. Mose 4,1)

Woraus besteht das erste Gespräch zwischen dem „Ich bin" und Mose, das über anderthalb Kapitel im 2. Buch Mose geht? Man beachte, dass Mose gewisse Einwände nicht bringt, die wir wahrscheinlich gehabt hätten. Er protestiert zum Beispiel nicht: „Gott, das ist zu gefährlich! Wenn ich zum Pharao gehe, bringt der mich um." Eigentlich ein naheliegender Gedanke, aber offenbar nicht für Mose.

Er fragt auch nicht nach den Finanzen. Er sagt nicht: „Zwei Millionen Menschen befreien ist nicht billig. Wirst du mir das Geld dafür geben oder muss ich es selber zusammenbringen? Das wird dann aber dauern." Nein, Mose scheint gewiss zu sein, dass Gott schon für seine finanziellen und materiellen Bedürfnisse sorgen wird.

Wie ist es mit der Familie? „Gott, ich habe Frau und Kinder. Sie werden nicht wollen, dass ich aus Midian wegziehe. Was mache ich, wenn sie mir sagen, dass sie nicht nach Ägypten wollen? Gehe ich dann einfach ohne sie?" Mose hat eine Familie, aber seine familiären Pflichten hindern ihn nicht daran, Gottes klarem Ruf zu folgen. Er scheint davon auszugehen, dass Gott auch für seine Familie sorgen wird.

Wenn wir Gottes Ruf in einen Auftrag spüren, stellen wir gerne alle möglichen praktischen Fragen, aber diese Detailfragen finden wir in Moses Gespräch mit Gott nicht. Die Überlegungen kreisen stattdessen um zwei Hauptthemen. Als Erstes stellt Gott sich Mose vor und sagt, dass das Leiden und Schreien seines Volkes vor ihn gekommen ist. Danach fragt Mose Gott nach seinem Namen. Christliche Mission hat ein doppeltes Fundament: dass wir Gott kennen und dass wir sein Herz für die Menschen sehen. Wenn uns diese beiden Dinge klar sind, befinden wir uns auf dem richtigen Weg.

Gut, ein paar Instruktionen gibt Gott Mose. Er weist ihn an, zu den Sippenoberhäuptern der Israeliten zu gehen, und gibt ihm mit, was er ihnen sagen soll. Darauf sollen Mose und diese Oberhäupter beim Pharao vorsprechen, mit einer Bitte, die Gott ebenfalls für Mose formuliert. Gott sagt auch voraus, dass der Pharao auf diese Bitte nicht eingehen wird: „Ich weiß aber: Der König von Ägypten wird euch das nie erlauben, wenn ihn nicht eine starke Hand dazu zwingt! Darum werde ich meine Hand erheben und die Ägypter strafen. Mit gewaltigen Taten werde ich ihnen zusetzen, bis der Pharao euch ziehen lässt" (2. Mose 3,19-20).

Das ist nicht sehr viel an Instruktionen, aber für den Anfang reicht es. Mose musste ganz darauf bauen, dass Gott seine Versprechen halten würde. Dies war Gottes Projekt. Mose wusste genug, um anzufangen; weitere Anweisungen würde er unterwegs erhalten.

Zum Nachdenken:

Welche Fragen haben Sie an Gott im Blick auf seine Aufträge für Sie?

16. Wenn nicht du, wer dann?

„Ach, Herr", entgegnete Mose, „ich bin noch nie ein guter Redner gewesen." (2. Mose 4,10)

Doch Mose bat: „Herr, sende doch lieber einen anderen!" (2. Mose 4,13)

Mose befürchtet, dass die hebräischen Sippenoberhäupter seine Autorität anzweifeln und sagen werden: „Der Herr ist dir gar nicht erschienen!" (2. Mose 4,1) Gott gibt ihm darauf drei Vollmachtszeichen mit. Erstens: Wenn Mose seinen Hirtenstab auf den Boden wirft, wird der sich in eine Schlange verwandeln. Sobald er die Schlange am Schwanz packt, wird sie wieder zum Stab. Zweitens: Wenn Mose seine Hand in sein Obergewand steckt und wieder hervorzieht, wird sie weiß wie bei einem Aussätzigen sein. Wiederholt er die Geste, wird die Hand wieder gesund. Und das dritte Zeichen: Wenn er Wasser aus dem Nil schöpft und auf den Boden gießt, wird es zu Blut werden.

Wenn das nichts ist! Was will Mose mehr? Er hat alles, was er braucht. Aber er lamentiert: „Ach Herr, ... ich bin noch nie ein guter Redner gewesen. Auch jetzt, wo du mit mir sprichst, hat sich daran nichts geändert. Ich rede nicht gerne, die Worte kommen mir nur schwer über die Lippen" (2. Mose 4,10). Wir wissen nicht genau, was Moses Problem war. Hatte er einen Sprachfehler? War er ein Stotterer? Ohne Zweifel war ihm die Sache nicht geheuer. Uns wäre es an seiner Stelle wohl nicht viel anders gegangen. Es war ja vierzig Jahre her, dass er am Pharaonenhof gewesen war. Sein Ägyptisch war eingerostet und seinen Schafen wird er nicht viele Reden gehalten haben.

Mit großer Geduld geht Gott auf seinen Einwand ein: „Habe nicht ich, der Herr, den Menschen einen Mund gegeben? Kann ich sie nicht stumm oder taub, sehend oder blind machen? Geh jetzt! Ich bin bei dir und sage dir, was du reden sollst" (V. 11-12). Dies sind gewichtige Worte. Die Botschaft ist klar: Wenn Gott uns einen Auftrag gibt, schenkt er uns auch alles, was wir zu seiner Durchführung brauchen. Er ist der Schöpfer. Er gibt uns keine unerfüllbaren Aufträge, nur um uns anschließend im Regen stehen zu lassen.

Langsam gehen Mose die Ausreden aus, sodass er nur noch murmeln kann: „Herr, sende doch lieber einen anderen." Jetzt verliert Gott die Geduld, aber immer noch nicht seine Barmherzigkeit und Fürsorge. Er bietet Mose einen Partner an – seinen Bruder Aaron, der ein guter Redner ist. Mose braucht ihm nur zu erklären, was er sagen soll, und Aaron wird an seiner Stelle reden.

Zu Beginn seines Wirkens verlässt sich Mose tatsächlich auf seinen Bruder, wie wir in den nächsten Kapiteln sehen werden. Aaron führt das Wort vor den Sippenoberhäuptern und dem Pharao. Doch nach der dritten Plage hören wir nicht mehr viel von Aaron; jetzt redet Mose direkt zum Pharao und zum Volk. Und wenn wir die Reden des alt gewordenen Mose im 5. Buch Mose lesen, erleben wir einen großen, wortgewaltigen Redner. Was beweist, dass Gott genau den richtigen Mann ausgesucht hatte, der alle Gaben besaß, die er für seinen Auftrag brauchte.

Auch Ihnen wird Gott alles geben, was Sie brauchen, um seinen Auftrag auszuführen.

Zum Nachdenken:

Wo fühlen Sie sich ungenügend ausgerüstet für den Auftrag, den Gott Ihnen gegeben hat? Reden Sie mit Gott darüber und dann hören Sie auf seine Antwort. Erfahren Sie, dass er für alles Nötige sorgt.

17. Brennende Büsche heute

Dort erschien ihm der Engel des Herrn in einer Flamme, die aus einem Dornbusch schlug. Als Mose genauer hinsah, bemerkte er, dass der Busch zwar in Flammen stand, aber nicht niederbrannte. (2. Mose 3,2)

Nicht jeder hat ein Dornbusch-Erlebnis, oder zumindest nicht so ein dramatisches wie Mose. Ich (Andrew) habe das, was ich im Folgenden berichten werde, noch nicht vielen Menschen erzählt. Aber bevor ich anfange, möchte ich klarstellen, dass Sie nicht wörtlich einen „brennenden Dornbusch" erwarten, geschweige denn verlangen sollten, wenn Sie Gottes Auftrag erkennen wollen. Gott spricht zu uns auf hundert Weisen durch die Bibel. Und natürlich durch den Leib Christi, seine Gemeinde. Aber manchmal geschieht es, dass Gott uns in seiner Gnade ein besonderes Erlebnis schenkt, das den Kurs unseres Lebens prägt.

Man schrieb das Jahr 1958 und in den Niederlanden gab es eine kurze Erweckung, in der fast jeder von Gott redete. Der Heilige Geist wirkte machtvoll durch Heilungen und Befreiung von bösen Mächten und aus ganz Europa kamen Menschen zu den Veranstaltungen. Ich selbst war in dieser Bewegung nicht weiter engagiert, aber ich ging mehrmals in eine der Gebetsversammlungen, zur Vorbereitung meiner nächsten Reise in den Ostblock.

In einem dieser Gottesdienste boten die Leiter der Versammlung mir an, mir die Hände aufzulegen. Ich kniete mich vor ihnen hin. Plötzlich spürte ich ein Feuer in meinem Körper, das mir die Knochen zu versengen schien. Es kam völlig unerwartet und machte mir Angst. Mir fehlen die Worte, um es richtig zu beschreiben. Ich erstickte schier. Innerlich schrie ich zu Gott: Aufhören, aufhören! Ich halte das nicht aus! Ich weiß nicht, wie lange dieses Feuer dauerte – eine Minute, eine Stunde? –, aber ich weiß, dass ich von da an wusste: Gott hatte mir zu dem, wozu er mich berufen hatte, auch die nötige Kraft gegeben – seine eigene Kraft.

Jawohl, es gibt auch heute noch brennende Dornbüsche. Das Pfingstwunder war für die Jünger ein solcher brennender Busch. Sie sahen das Feuer und es versengte ihnen kein einziges Haar!

Mose hatte nicht damit gerechnet, an jenem Tag in der Steppe Gott zu begegnen. Auch wir können solche Begegnungen nicht „machen", aber wenn sie kommen, sollten wir uns ihnen nicht verschließen. Mose hätte, als er den brennenden Dornbusch sah, auch seine Schafe anschauen, „Komische Sachen gibt's" murmeln und weiterziehen können. Natürlich wäre das sehr kurzsichtig gewesen; Gott gibt uns solche Offenbarungen nicht zu unserer Unterhaltung, sondern als Wendepunkte unseres Lebens.

Weiter: Mit solchen „brennenden Büschen" erteilt Gott uns den Auftrag (oder bestätigt ihn), das Unmögliche zu tun. Der Dornbusch in 2. Mose 3 zeigte Mose Gottes Auftrag, die Hebräer in die Freiheit zu führen. Das Pfingstwunder war der Startschuss zur weltweiten Mission, die die Welt auf den Kopf stellte. Und mein (Andrews) „brennender Busch" bestätigte mir, dass es Gott selbst war, der mir den Auftrag und die Mittel gegeben hatte, seiner verfolgten Gemeinde zu helfen.

Aber wir brauchen kein dramatisches Gotteserlebnis, um dem Evangelium und den Geboten der Bibel zu gehorchen. Der Missionsbefehl von Jesus gilt allen Christen: Geht hinaus in alle Welt und macht die Menschen zu Jüngern. Als ich mein „Dornbusch-Erlebnis" hatte, war ich bereits hinter den Eisernen Vorhang gereist und mein Erlebnis bestätigte und segnete mich lediglich darin. Es kann sein, dass der Missionsbefehl für Sie ein ganz besonderer Auftrag ist, den Sie ohne die Leitung und Kraft von Jesus unmöglich bewältigen können. In solchen Fällen kann es zu einem Berufungserlebnis kommen, in dem etwas von der ewigen Welt Gottes aufleuchtet.

Ein solches Erlebnis ist oft ein Feuer-Erlebnis. Von einem leidenschaftlichen Menschen sagt man gerne, dass sein Herz „brennt". Aber dieses Erlebnis ist größer. Oswald J. Smith nannte es ein Feuer in den Knochen. Es ergreift den ganzen Körper. Der Prophet Jeremia hatte es: „… dann brennt dein Wort in meinem Herzen wie ein Feuer, ja, es glüht tief in mir. Ich habe versucht, es zurückzuhalten, aber ich kann es nicht!" (Jeremia 20,9) Es war dieses innere Feuer, das Jeremia zwang, Gottes Botschaft zu predigen, obwohl sie überhaupt nicht das war, was die Leute hören wollten. Das gleiche Feuer hat mich (Andrew) getrieben, mit dem Evangelium erst in die Länder des Kommunismus zu fahren, dann in die islamische Welt und schließlich zu muslimischen Fundamentalisten.

Es gibt viel billiges Gerede über den Heiligen Geist. Seien Sie hier vorsichtig. Ein „Gotteserlebnis", das nicht mein Leben verändert, ist wertlos. Gott schenkt uns nie Erlebnisse um der Erlebnisse willen. Sie sollen uns nicht Stoff zum Prahlen geben, sondern Kraft zum Dienen. Die Echtheit von Moses Gottesbegegnung zeigte sich in seiner Konfrontation mit dem Pharao und seiner Führungsrolle bei den Israeliten.

Noch etwas: Menschen, die ein echtes Dornbusch-Erlebnis hatten, sind keine „ausgeglichenen" Persönlichkeiten, sondern von einem heiligen Auftrag Getriebene. Sie geben ihr Leben im Dienst für Gott und sie leugnen ihre Berufung nicht, auch wenn sie vielleicht wie Mose ihre Fragen an Gott haben. Unbeirrt und zielbewusst gehen sie ihren Weg. Sie wissen, dass ein Feuer in ihnen brennt, und wer ihnen begegnet, spürt es. Dies sind die Menschen, die das Unerfüllbare schaffen.

Zum Nachdenken:

Haben Sie in Ihrem Leben einen „brennenden Dornbusch" erlebt? Wenn ja, was war Gottes Auftrag an Sie? Wenn nein, kennen Sie jemanden, der ein solches Erlebnis hatte? Was hat sich anschließend bei ihm geändert?

18. Was geschieht, wenn wir Gott gehorchen?

Mose ließ seine Frau und die Söhne auf einen Esel steigen und machte sich auf den Weg zurück nach Ägypten.

(2. Mose 4,20)

Mose gehorcht Gott. Er hatte eigentlich auch keine andere Wahl. So ist das, wenn der Herrscher des Universums Menschen Aufträge gibt. Als Erstes bittet Mose seinen Schwiegervater Jitro um die Erlaubnis, nach Ägypten zu gehen. Das klingt nur folgerichtig – es war ja Jitro, der ihm eine Familie und vierzig Jahre lang Arbeit gegeben hat. Mose erwähnt Gottes Auftrag hier nicht und auch das ist in Ordnung. Hätte Jitro (oder sonst jemand) diesen Auftrag verstehen können? Wir sollten uns gut überlegen, wem wir von unserem „brennenden Dornbusch" erzählen, und unser Erlebnis nicht in alle Welt hinausposaunen.

Als Mose beginnt, Gott zu gehorchen, passiert zweierlei. Erstens macht Gott ihm Mut: „Du kannst jetzt ohne Gefahr nach Ägypten zurückkehren, denn inzwischen sind alle gestorben, die dich töten wollten!" (2. Mose 4,19) Dieses Stichwort war am brennenden Dornbusch nicht zur Sprache gekommen, aber es wird Mose auf der Seele gelegen haben. Gott sagt ihm, dass er nichts zu befürchten hat.

Zweitens erhält Mose weitere Anweisungen (jeweils so viel, wie er gerade braucht), damit er auf das vorbereitet ist, was in Ägypten auf ihn zukommt. Gott sagt ihm auch voraus, dass der Pharao nicht auf ihn hören wird. Mose soll dem König sagen: „Das Volk Israel ist mein erstgeborener

Sohn. Ich befehle dir: Lass meinen Sohn ziehen, denn er soll mir dienen! Weigerst du dich, werde ich deinen ältesten Sohn töten!" (V. 22-23) Hier zeigt Gott Mose, wie sehr sein Herz für Israel brennt. Und was dem Pharao geschehen wird, wenn er nicht gehorcht. Beides wird Mose zusätzlich Mut gemacht haben.

Wie kommen wir an solche Weisungen Gottes heran? Ein noch so dramatisches Berufungserlebnis allein reicht nicht aus, um uns durch die monate- und jahrelangen Mühen der Erledigung unseres Auftrags zu tragen. Wir brauchen täglich Gottes Ermutigung und Leitung – und genau dafür haben wir die Bibel! Mose hatte Gottes Wort noch nicht schriftlich zur Verfügung und so war er auf immer neue Offenbarungen Gottes angewiesen. Wir können heute täglich Gottes Wort lesen – und wir müssen es lesen, denn es gibt uns die Nahrung, die wir brauchen.

Ich (Andrew) beginne jeden Tag mit der Lektüre des Wortes Gottes. Dabei fange ich mit der Losung an; oft geben mir die dort aufgeführten Bibelstellen genau die Weisung, die ich gerade brauche. Danach lese ich direkt in der Bibel. Seit Jahren lese ich im Laufe des Jahres die ganze Bibel mindestens einmal (oft sogar zweimal) durch. Ich benutze dabei verschiedene niederländische, englische und deutsche Übersetzungen. Manchmal versuche ich, ein bestimmtes Thema (zum Beispiel „Glaube" oder „Beten") quer durch die Bibel zu verfolgen. Ich lese auch Bibelkommentare (dabei staune ich immer wieder, wie viel Licht der Bibeltext auf die Kommentare wirft).

Seit eh und je rate ich jedem Open Doors-Mitarbeiter, die Bibel mindestens einmal pro Jahr durchzulesen. Ich kann das natürlich nicht vorschreiben, aber ich finde es eine absolute Notwendigkeit für jeden, der für Gott wirkt (also für jeden Christen). Wir sollten jeden Tag mit der Bibel beginnen, denn nur so bekommen wir die nötige Munition für den Kampf – und es wird Kämpfe geben. Wir werden angegriffen, wir verlieren den Mut, wir werden auf die Probe gestellt. Die Bibel ist der große Schutzwall gegen die ständigen Angriffe des Feindes.

Wenn wir Gottes Willen erkennen und befolgen wollen, müssen wir uns in Gottes Wort vertiefen.

Zum Nachdenken:

Wie sieht Ihr Bibellesen aus? Ist es geeignet, Ihnen die Weisung, Ermutigung und Kraft zu geben, die Gott Ihnen für Ihren Dienst schenken möchte?

---

19. Manchmal ist der Anfang leicht

„Wer ist denn dieser ‚Herr'?", fragte der Pharao. „Weshalb sollte ich ihm gehorchen und Israel gehen lassen?"

(2. Mose 5,2)

Vierzig Jahre nach seiner Flucht kehrt Mose nach Ägypten zurück. Er erzählt seinem älteren Bruder Aaron, was Gott ihm geoffenbart hat. Gemeinsam rufen sie die israelitischen Sippenoberhäupter zusammen. Aaron richtet ihnen Moses Botschaft aus, Mose lässt die israelitischen Ältesten die Zeichen sehen, die Gott ihm geboten hat und … das Volk glaubt!

Was für ein großartiger Start! Wäre Mose ein Missionar gewesen, der Rundbriefe an seinen Freundeskreis in der Heimat schrieb, er hätte begeistert berichtet, wie die Israeliten ihn empfingen und zu Gott beteten (2. Mose 4,31). Die erste Hürde war mit Bravour genommen, und Mose und Aaron waren bereit für Schritt Zwei: eine Audienz beim Pharao. „Bitte betet, dass das genauso gut klappt …"

Voller Sendungsbewusstsein richten die beiden dem Pharao Gottes Botschaft aus: „Lass mein Volk ziehen!" Worauf der Pharao, im Innersten getroffen, einsieht, dass er Gottes Volk unterdrückt hat, und unter Tränen Besserung gelobt.

„Halt!", protestieren Sie. „Das stimmt doch gar nicht!" Aber ist es nicht genau das, was wir erwarten, wenn wir Gott gehorchen? Die Ägypter hätten ja tatsächlich umkehren können, wenn der Pharao mit gutem Beispiel vorangegangen wäre. Wenn wir aus der Geschichte mit Jona und Ninive (ganz zu schweigen von vielen Beispielen im Neuen Testament) irgendetwas lernen, dann doch dies, dass Umkehr immer möglich ist.

Es ist traurig, dass der Pharao nicht umkehrt. Er fordert Gott heraus und zeigt damit sein wahres Gesicht: „Wer ist denn dieser ‚Herr'? ... Ich kenne den Herrn nicht und lasse sein Volk nicht frei!" (2. Mose 5,2) Der ägyptische König wirft Gott den Fehdehandschuh hin. Gott hat Mose bereits angekündigt, dass er das Herz des Pharaos verhärten wird. Jetzt ist es so weit.

Und die Unterdrückung der Israeliten wird noch schlimmer. Der Pharao ordnet an, sie noch härter arbeiten zu lassen. Leute, die unter religiösen Vorwänden Urlaub beantragen, haben offenbar nicht genug zu tun, aber das lässt sich ändern ...

Gott gehorchen ist kein Spaziergang. Unser Gehorsam ist keine Garantie dafür, dass alles glattgehen wird, denn die Mächte des Bösen und der Hölle widersetzen sich Gottes Willen. Solcher Widerstand sollte uns nicht überraschen. Jesus hat uns gewarnt: „Wenn die Menschen euch hassen, dann vergesst nicht, dass man mich schon vor euch gehasst hat" (Johannes 15,18).

Unsere Gebete können erstaunliche Folgen haben. In Ägypten riefen in den letzten Jahren Tausende Christen jede Woche in dreistündigen Gebetsgottesdiensten zu Gott, ihr Land für das Evangelium zu öffnen. Gott erhörte diese Gebete. Sie kennen sicher die Geschichte der Demonstrationen auf dem Tahir-Platz, die zum Sturz des Diktators Mubarak führten. In den folgenden Monaten erlebte das Land eine große Offenheit für das Evangelium; zum ersten Mal konnten Christen sogar im Fernsehen über ihren Glauben sprechen. Viele Menschen interessierten sich für den Glauben. Aber die Lage der Kirchen wurde damit nicht besser, eher verschlechterte sie sich. In Oberägypten wurden über sechzig Kirchen angezündet. Es heißt, dass Zehntausende von Christen aus dem „neuen" Ägypten flüchteten, wegen des wachsenden muslimischen Fanatismus und der allgemein unsicheren Lage unter einer Regierung, die die Übergriffe gegen Christen nicht verhindern konnte (oder wollte).

Werfen wir das Handtuch, wenn Widerstände kommen oder größer werden? Hass macht uns erst einmal Angst, das ist nur natürlich. Da gibt es nur eines: Gottes Auftrag fest im Blick behalten, in dem Wissen, dass er seine Verheißungen erfüllen wird – zu seiner Zeit. Mose stand noch am Anfang seiner Arbeit. Schon bald würde Gott demonstrieren, wie mächtig er war.

Zum Nachdenken:

Haben Sie auch erlebt, dass „der Schuss nach hinten losging", als Sie Gott gehorchten? Haben Sie damals aufgegeben oder weitergemacht? Warum?

---

20. Undank ist der Welt Lohn

„Das soll euch der Herr heimzahlen!", schimpften die Vor-
arbeiter. „Ihr habt den Pharao und seine Beamten gegen
uns aufgebracht. Ihr habt ihnen das Schwert in die Hand
gegeben, mit dem sie uns töten werden!"   (2. Mose 5,21)

Wenn wir Gott gehorchen, dann muss doch alles bestens
gehen – denken wir. Wenn man das tut, was Gott sagt, muss
doch wohl das richtige Ergebnis herauskommen. So war das
bei Mose jedoch nicht. Im Gegenteil: Die Probleme wurden
noch schlimmer. Die Aufseher der hebräischen Zwangsarbeiter erhöhten das Arbeitssoll; ab sofort mussten die Hebräer das für die Ziegelherstellung nötige Stroh auch noch
selbst sammeln. Die geschundenen Israeliten ließen ihren
Frust an Mose und Aaron aus: „Das ist alles eure Schuld!
Bis ihr kamt, ging es uns gut. (Nun ja, nicht wirklich.) Aber
jetzt? Seht doch, was ihr angerichtet habt!"

Erwarten Sie lieber nicht, dass Ihnen alle verständnisvoll
auf die Schulter klopfen, wenn es hart wird. Nach unserer
Erfahrung sind es manchmal gerade andere Christen, die
die gemeinsten Dinge sagen. Sie sind schnell dabei, Ihnen
vorzuwerfen, dass Sie Gott nicht gehorcht haben (sonst wären schließlich jetzt nicht alle in dieser schwierigen Lage).

Mose hätte versuchen können, vernünftig mit den Israeliten zu reden. Er hätte sie auffordern können, die Zähne
zusammenzubeißen: „Gott hat versprochen, uns zu befrei-
en, wir müssen Geduld haben!" Er hätte sie an Abraham,
Isaak und Jakob erinnern können und an die Prüfungen, die
diese auf ihrem Weg mit Gott durchmachten. Oder an Josef,
der Jahre der Sklaverei und Gefangenschaft durchlitt, bevor

er der zweite Mann in Ägypten wurde und Israel vor dem Verhungern rettete. Er hätte den Israeliten sagen können, dass Gott diese Reaktion des Pharaos vorhergesagt hatte: „Wir können doch nicht im Ernst erwarten, dass er seine billigsten Arbeitskräfte einfach so gehen lässt."

Doch all das tut Mose nicht. Er versucht nicht, seine Landsleute davon zu überzeugen, dass sein Kurs der richtige ist. Mose weist sie nicht auf Gottes Freiheitsverheißung hin. Er verteidigt weder sich selbst noch Gott. Stattdessen wendet er sich an Gott und klagt: „Ach, Herr, warum hast du meinem Volk das angetan? Und warum hast du mich überhaupt hierher gesandt? Denn seit ich in deinem Auftrag mit dem Pharao geredet habe, unterdrückt er mein Volk nur noch härter. Und du unternimmst nichts, um uns zu helfen!" (2. Mose 5,22-23) Mit anderen Worten: Gott, warum brauchst du so lange? Es wird ja nur immer schlimmer und das ist alles deine Schuld!

Haben Sie sich auch schon einmal so gefühlt? Wahrscheinlich schon.

Das Schöne ist hier, dass Mose seinen Frust an der richtigen Stelle ablädt. Er hätte versuchen können, mit den Sippenoberhäuptern zu reden. Stattdessen wendet er sich an Gott, und das ganz und gar nicht auf die diplomatische Art. Er klagt Gott regelrecht an. Wir brauchen keine Angst zu haben, uns den Mund zu verbrennen, wenn wir Gott unser Herz ausschütten. Er kennt unsere Gedanken ja längst, also seien wir ruhig ehrlich. Mose war ehrlich – und Gott war ihm deswegen nicht böse.

Was antwortet Gott Mose? „Bald wirst du sehen, was ich mit dem Pharao mache!" (2. Mose 6,1) Schnall dich an, Mose, gleich wird es lustig! Und dann (und das ist wichtig) erinnert Gott Mose an etwas, was er Abraham, Isaak und Jakob nicht offenbart hatte – seinen Namen. Er erinnert ihn auch an seinen Bund mit den Erzvätern und das Versprechen, ihnen das Land Kanaan zu geben. Er wiederholt, dass er das Stöhnen des Volkes gehört hat (er kennt Israels Leiden gut) und dass er es mit starker Hand und mächtigem Gerichtshandeln aus der Sklaverei herausholen wird, um es ins Land der Verheißung zu bringen und sein Gott zu sein.

Das umfasst viel und es erinnert uns daran, dass wir ständig (wie gesagt: täglich) auf Gottes Verheißungen für uns hören müssen. Nehmen Sie sich jeden Tag Zeit, um Ihre Seele und Ihr Denken mit dem Wort Gottes zu füttern.

Gottes Worte geben Mose neue Zuversicht. Mit dieser klaren Botschaft kann er neu vor das Volk Israel treten und ihm versichern, dass alles so werden wird, wie Gott es verheißen hat.

Wie nehmen die Israeliten diese Botschaft Gottes auf? Schlecht. Sie sind frustriert und entmutigt. Mose steht allein da. Es ist ein herber Rückschlag. Wird er diese Enttäuschung verkraften und weiterkämpfen?

Zum Nachdenken:

Wie reagieren Sie, wenn Ihre Erwartungen an Gott sich nicht erfüllen?

---

21. Gott im Rücken

Und der Herr sprach zu Mose: „Siehe, ich habe dich für den Pharao zum Gott eingesetzt." (2. Mose 7,1)

Mose hat ein Problem. Das Volk, das er anführen soll, ist entmutigt, ja schlimmer noch: Es ist gebrochen, es hat keine Hoffnung mehr. Gott befiehlt Mose, erneut zum Pharao zu gehen und ihn aufzufordern, die Hebräer ziehen zu lassen. Moses Reaktion: „Herr, was bringt das?" Die Israeliten hören nicht auf ihn; wie sollte dann der Pharao auf ihn hören? Gottes Vorhaben scheint gründlich danebenzugehen.

Da sagt Gott Mose etwas so Unerhörtes, dass es uns im Innersten packen kann: „Siehe, ich habe dich für den Pharao zum Gott eingesetzt und dein Bruder Aaron soll dein Prophet sein" (2. Mose 7,1).

Ich bin sicher, dass Mose sich kein bisschen göttlich fühlt. Aber hier ging es nicht um Gefühle, sondern um Fakten. Mose versteht: Der Pharao muss lernen, wer Gott ist. Er muss erkennen, wer es ist, der hinter den Katastrophen steht, die bald über sein Reich hereinbrechen werden. Wie kann das geschehen? Eigentlich nur durch einen anderen Menschen, der Gott persönlich kennt. Gott offenbart sich Mose, und Mose gibt diese Offenbarung durch seine Worte und Taten an den Pharao und die anderen Verantwortlichen weiter.

„Ich habe dich für den Pharao zum Gott eingesetzt ..." Dabei betrachten sich die Pharaonen selbst als Götter! Hier ist Zündstoff für eine gewaltige Konfrontation. Bald wird der menschliche „Gott" dem wahren Gott begegnen und lernen, wer der Mächtigere ist. Das ist das eigentliche Drama hinter den zehn Plagen in 2. Mose 7-12.

Aber die Sache geht noch weiter: Wenn Mose für den Pharao wie Gott ist, dann ist er unantastbar. Bestimmt will der Pharao Mose ans Leben. Dieser Rebellenführer stellt eine Bedrohung für die Sicherheit und Wirtschaft Ägyptens dar und die naheliegende Lösung ist, ihn aus dem Weg zu räumen. Aber der Pharao kann Gottes Mann nicht anrühren; das erlaubt Gott nicht.

Dies ist sehr wichtig. Vergessen Sie nie: Wenn wir Gottes Willen ausführen, stehen wir so lange unter seinem Schutz, bis wir unseren Auftrag erfüllt haben. Was nicht bedeutet, dass der Auftrag ungefährlich ist. Es war definitiv gefährlich, einem sturen Tyrannen eine solche Botschaft zu bringen. Oder als Teenager den Kampf mit einem Berufssoldaten von der Statur eines Riesen aufzunehmen (vgl. 1. Samuel 17). Oder als Prophet dem Erzfeind des Landes Gottes Gericht zu predigen (siehe das Buch Jona). Oder denken wir an Hananias, dem Gott aufträgt, zu einem Christenverfolger zu gehen, der kam, um die Gemeinde in Damaskus zu schließen. Natürlich hat Hananias Angst, aber Gott sagt: „Geh!" (Apostelgeschichte 9,11)

Also: Wenn Gott befiehlt, müssen wir gehorchen. Er selbst ist für unseren Schutz verantwortlich, während wir seinen Auftrag ausführen. Kann es sein, dass wir nicht lebendig zurückkommen? Ja, durchaus. Gehen Sie trotzdem! Gehen Sie voller Hoffnung und Gewissheit, denn Gott selbst ist Ihr Auftraggeber. Und seien Sie bereit, seine Botschaft weiterzugeben.

Was uns zur Rolle Aarons bringt: „Dein Bruder Aaron soll dein Prophet sein." Mose und Aaron brauchen sich ihre Botschaft nicht selbst zusammenzubasteln; Gott sagt ihnen genau, was sie weiterzugeben haben. Auch das soll uns Mut machen. Als Christen predigen wir etwas, über das wir Gewissheit haben. Wenn Sie sich Ihrer Botschaft nicht sicher sind, ist das ein Zeichen, dass Sie sich mehr Zeit für die Bibel nehmen müssen, um tiefer in die Botschaft einzudringen, die wir den Menschen bringen sollen.

Konfrontation ist nie leicht. Aber sie ist nötig. Mose ist der erste große Prophet, der sich mit einer Weltmacht anlegt. Andere werden folgen – Personen wie Elia, Jesaja, Jeremia, Daniel und Paulus. Erfolgreiches Konfrontieren erfordert Menschen, die von ihrer Botschaft überzeugt sind. Diese Propheten hatten ihre Überzeugung, weil sie Gott kannten.

Zum Nachdenken:

Wie sehr sind Sie von Gottes Botschaft überzeugt? Was müssen Sie tun, um seine Aufträge mit mehr Überzeugung auszuführen?

---

22. Wie jemand Gottes Sprachrohr wird

„Ich habe dich als meinen Botschafter eingesetzt. Wenn du zum Pharao gehst, ist das so, als würde ich selbst zu ihm sprechen!" (2. Mose 7,1)

Jesus gewährt uns das gleiche Vorrecht wie damals Gott Mose – sein Sprachrohr in einer gottlosen Welt zu sein. Jesus hätte die Kirche ohne Weiteres selbst gründen können; er brauchte die Apostel nicht. Aber er ging bewusst das Risiko ein, durch diese Männer zu wirken. Bei uns heute ist es das Gleiche. Gott geht das Risiko ein, durch Al und Andrew zu arbeiten … und durch Sie! Gott ist immer noch auf der Suche nach Männern und Frauen, die bereit sind, seine Botschafter zu werden, seine sichtbare Gegenwart.

Ich (Andrew) habe in einem Buch über meine Begegnungen mit Führern islamistischer Gruppen wie der Hisbollah und der Hamas geschrieben. Die erste Begegnung hatte ich Mitte der 1980er-Jahre. Der Verwandte eines Bekannten von mir war im Libanon von einer radikalen islamischen Gruppe entführt worden, die ihn seit über drei Jahren an einen Heizkörper gekettet gefangen hielt. Niemand wusste, wo er war, nur, dass er sehr krank sein sollte.

Damals wirkte in einer Moschee in Beirut ein schiitischer Prediger, der eine revolutionäre Botschaft hatte. Die Kassetten mit seinen Predigten wurden zu Zehntausenden auf den Straßen der Stadt verkauft. Sein Name war Mohammed Hussein Fadlallah. Er wurde einer der entscheidenden Ratgeber einer neuen politischen und militärischen Gruppe im Libanon, der Hisbollah („Partei Gottes"). Es schien vor allem diese Gruppe zu sein, die für die Geiselnahmen verantwortlich war.

Ich flog in den Libanon (wo ich während der fünfzehn Jahre des Bürgerkrieges zweimal im Jahr war). Durch einen Mann, der pikanterweise Dschihad („Heiliger Krieg") hieß, konnte ich ein Treffen mit Fadlallah vereinbaren. Mit einer in schlichtes Papier gewickelten großen arabischen Goldschnittbibel in der Hand wartete ich im Foyer des Garden Hotels in West-Beirut. Würde die Hisbollah gleich ihre Geiselsammlung um einen Holländer ergänzen? Plötzlich stürmten mehrere bis an die Zähne bewaffnete Männer herein. Die Gäste im Foyer suchten das Weite. Der Anführer fragte mich, ob ich Andrew sei, und befahl mir, zusammen mit Dschihad einem Van zu folgen, den man zu einem behelfsmäßigen gepanzerten Mannschaftswagen umgebaut hatte. Aus den Fenstern des Vans und aus denen eines zweiten Autos hinter uns schauten Gewehrläufe, während wir durch Beiruts Straßen brausten.

Wir erreichten einen schwer bewachten Kontrollpunkt. Nach einer Leibesvisitation wurde ich von mehreren Männern zu dem Scheich gebracht. Fadlallah, der sich später Ayatollah nennen ließ, erwartete mich in einem langen, grauen Kaftan und schwarzen Umhang; auf seinem Kopf trug er einen schwarzen Turban.

Wir tauschten ein paar Höflichkeiten aus und dann sagte ich zu ihm: „Ich bin Christ und als Gesandter von Jesus Christus hier, um zu helfen, dem Libanon Frieden zu bringen." Fadlallah nickte, während er die Perlen einer Gebetskette durch die Finger seiner linken Hand gleiten ließ. Ich hielt ihm die Bibel hin und fuhr fort: „Und deshalb möchte ich Ihnen gerne diese Bibel schenken. Ich weiß nicht, was der Koran über Geiselnahme sagt, aber ich weiß, was die Bibel sagt und dass Gott sie verbietet.

Darum hoffe ich, dass Sie dieses Buch lesen werden. Es ist mein Geschenk für Sie."

Der Scheich nahm die Bibel höflich entgegen und sagte mit leiser Baritonstimme: „Wir schätzen die Christen. Wenn die Muslime und die Christen ihre heiligen Bücher lesen würden, würden sie einander besser verstehen."

Kein schlechter Anfang. Dies war ein Mann seines Buches; er hielt seinen Koran hoch wie ich meine Bibel. Ich fragte mich, wie er auf meinen Vorschlag reagieren würde.

Zum Nachdenken:

Hatten Sie schon einmal den Eindruck, dass Gott Sie zu einem Menschen schicken wollte, der mächtiger war als Sie, ja vor dem Sie vielleicht Angst hatten? Wie haben Sie reagiert? Falls Sie nicht zu ihm gegangen sind, können Sie Gott ehrlich sagen, warum?

---

23. Wer A sagt, muss auch B sagen

Du sollst alles reden, was ich dir gebieten werde.

(2. Mose 7,2)

Da saß ich vor Ayatollah Fadlallah, dem geistlichen Führer der Hisbollah. Er hatte mein Geschenk, eine arabische Bibel, angenommen. Jetzt musste ich meinen Satz herausbringen. Ich holte tief Luft und sagte: „Im Namen und im Geiste der Zusammenarbeit glaube ich, Gott will, dass Sie die Geiseln freilassen. Alle."

Der Ayatollah schwieg. Dann sagte er: „Ich sehe nicht, wie ich Ihnen helfen kann."

„Sie sind ein Führer der Hisbollah. Bestimmt können Sie die Freilassung der Geiseln anordnen."

Er lächelte trocken. „Sie können sich gerne mit Führern der Hisbollah treffen, aber ich repräsentiere nicht die Hisbollah." Doch ganz offensichtlich konnte er den Führern eine Botschaft zukommen lassen.

Was war meine Botschaft? Ich erzählte ihm von der Geisel, für die ich gekommen war und die ein überzeugter Christ war. „Ich habe meine Angelegenheiten geordnet. Ich bin bereit, anstelle dieses Mannes hierzubleiben. Er hat genug gelitten. Ketten Sie mich an den Heizkörper und lassen Sie ihn frei."

Damit hatte der Scheich sichtlich nicht gerechnet. Für einen Augenblick sah er mich schockiert an. Dann hatte er sich wieder im Griff, wie ein guter Pokerspieler, und fragte leise: „Wie können Sie so etwas sagen?"

„Das ist der Geist von Jesus", erwiderte ich. Und ich erhob mich und breitete erklärend die Arme aus. „Er starb am Kreuz, damit wir frei werden. Er starb, damit wir leben können. Und jetzt bin ich bereit, mich für meinen Freund zu opfern, damit er freikommt. Darum dreht es sich im christlichen Glauben."

„Von so einem christlichen Glauben habe ich noch nie gehört", sagte Fadlallah.

Wie einst der Pharao, so ließ auch Fadlallah die Geiseln nicht frei. Aber es begann ein Gespräch zwischen ihm und mir, das mehrere Jahre dauerte, bis zu seinem Tod 2010. Unter anderem stattete ich ihm einen Kondolenzbesuch ab, nachdem seine Schwester bei einem Busunglück ums Leben gekommen war. Ich konnte ihn mit mehreren libanesischen Pastoren, Theologen und Evangelisten bekannt machen. Denn ich fand es wichtig, Brücken zu bauen zwischen Christen und Muslimen vor Ort. Ich glaube, dass dies die Art Zeugnis ist, die Gott von uns will im Umgang mit denen, die Jesus nicht kennen. Wie sollen Muslime oder Angehörige anderer Religionen oder Atheisten Jesus kennenlernen, wenn er nicht in unserem Leben erkennbar ist?

Ob ich bei Fadlallah etwas Bleibendes habe ausrichten können, werde ich wohl nie erfahren. Aber ich habe aus diesem Beispiel gelernt, dass es eigentlich einfach ist, mit Fundamentalisten zu reden. Ich finde sie ehrlich und wissbegierig. Und natürlich sehr direkt, ohne ein Blatt vor den Mund zu nehmen. Vielleicht ist das der Grund, warum man ihnen seine Botschaft ohne Angst präsentieren kann. Warum machen das nicht mehr Christen?

Bei anderen tue ich mich schwerer, sie zu erreichen. So habe ich mich mehrere Male mit PLO-Chef Jassir Arafat getroffen. Er zog während des Gesprächs ein Kreuz aus seiner Tasche, aber das war nur Show. Arafat war ganz anders als Fadlallah. Er war ein gerissener Politiker und Machtmensch, der das sagte, was sein Gegenüber hören wollte. Fadlallah dagegen stand zu seinen Überzeugungen; er sagte, was er glaubte, auch wenn es den anderen auf die Palme brachte.

Aber ob Politiker oder Fundamentalist – jeder braucht eine Gelegenheit, Gottes Botschaft zu hören. Jeder hat eine Chance verdient, dem Sohn Gottes zu begegnen. Sie und ich, wir sind womöglich der einzige Jesus, dem diese Menschen je begegnen werden.

Zum Nachdenken:

Lassen Sie Jesus Christus in Ihrem Leben hervorleuchten, sodass es den Menschen in Ihrer Umgebung möglich wird, ihn kennenzulernen? Wie können Ihre Mitmenschen Jesus in Ihnen wahrnehmen?

---

24. Das Unerreichbare schaffen

Mose und Aaron taten, was der Herr ihnen befohlen hatte.
Sie gingen zum Pharao …   (2. Mose 7,10)

Der Kampf beginnt. Die Götter Ägyptens gegen den Schöpfer des Alls. Der Gott Pharao gegen den Gott Mose. Ein ganzer heidnischer Götterhimmel gegen Jahwe, den großen „Ich bin".

Die meisten Menschen sind konfliktscheu. „Nur nichts übertreiben", lautet die Devise. Doch Mose geht in Gottes Auftrag voll auf Konfrontationskurs. Ist ihm klar, dass er im Begriff steht, in einen geistlichen Kampf einzutreten? Der Pharao hat wirkliche Macht, auch auf dem Gebiet der Magie und Zauberei. Als Aaron seinen Stab auf den Boden wirft und dieser zur Schlange wird (2. Mose 7,10), lässt der Pharao seine Zauberer rufen, die prompt ebenfalls ihre Stäbe zu Schlangen werden lassen. Doch Aarons Schlange verschlingt die Schlangen der Zauberer, was indes den Pharao nicht beeindruckt. Es wird mehr, viel mehr brauchen, um ihn davon zu überzeugen, dass Gott stärker ist als er.

Die erste Plage kommt: Das Wasser des Nils wird zu Blut. Die ägyptischen Zauberer erreichen mit ihren Künsten das Gleiche. Auch das zweite Strafgericht, die Froschplage, können sie nachahmen. Die Froschplage beenden können sie schon nicht mehr. Dazu muss Mose zu Jahwe beten.

Das dritte Strafgericht – die Stechmücken – führt die ägyptischen Magier an ihre Grenzen. Sie können nicht aus Staub Stechmücken machen. „Das ist der Finger Gottes!", sagen sie dem Pharao (2. Mose 8,15), doch der hört nicht auf sie.

Der Kampf zwischen den Kräften der politischen Macht und des Okkultismus auf der einen Seite und Gott auf der anderen Seite tobt immer heftiger, und die Menschen sind die Leidtragenden. Sie bekommen Geschwüre, ihr Vieh stirbt, die Ernte wird vernichtet. Erkennen die Ägypter die geistliche Dimension dieser Ereignisse? Wahrscheinlich nicht. Sie leiden vor sich hin.

Begeben Sie sich nie leichtsinnig in einen geistlichen Kampf. Wir dürfen dem Feind nur unter der Leitung und dem Schutz Gottes entgegentreten, denn ein Sieg durch menschliche Kraft ist nicht möglich.

Vergessen wir nie: Auf sich allein gestellt waren Mose und Aaron vollkommen machtlos. Sie konnten kein einziges dieser Wunder selbst vollbringen. Sie waren lediglich Gottes Werkzeuge. Die Macht, die Götter Ägyptens zu besiegen, kam von Gott und nur von ihm.

Zum Nachdenken:

Wo tobt in Ihrer Umgebung ein geistlicher Kampf? Wie können Sie gegen die Mächte des Bösen beten?

---

25. Ein Kampf

„Da hat Gott seine Hand im Spiel", warnten die Zauberer den Pharao. Doch er blieb stur und ließ sich nichts sagen, wie der Herr es angekündigt hatte. (2. Mose 8,15)

Glauben Sie nicht, dass die Konfrontation zwischen Gott und dem Pharao ein einsamer Sonderfall war. Wie Mose sind auch wir dazu berufen, in einem geistlichen Kampf Gottes Werkzeuge zu sein.

Doch dieser Kampf ist für uns Menschen mehrere Schuhnummern zu groß. Wenn wir versuchen, ihn aus eigener Kraft zu bestehen, geht es uns schnell wie den Möchtegern-Exorzisten in Apostelgeschichte 19,13-16, die versuchen, einen Dämon im Namen des „Jesus, den Paulus predigt" auszutreiben. Der Dämon überwältigt sie und sie müssen nackt und mit etlichen Blessuren aus dem Haus fliehen. Jesus möchte, dass wir den Mächten dieser Welt stets in dem Wissen entgegentreten, dass wir ohne ihn nichts tun können (vgl. Johannes 15,5). Wir müssen immer mit dem Weinstock Christus selbst verbunden bleiben. Der Heilige Geist muss uns regieren.

Und wir müssen auch den Vater anrufen. Von ihm dürfen wir erbitten, was wir brauchen, um die Aufträge seines Sohnes zu erfüllen. Jesus hat gesagt: Wenn wir an ihn glauben, werden wir die gleichen Taten vollbringen wie er, ja sogar noch größere. Unmöglich? Nein. „Worum ihr in meinem Namen bitten werdet, das werde ich tun, damit durch den Sohn die Herrlichkeit des Vaters sichtbar wird. Was ihr also in meinem Namen erbitten werdet, das werde ich tun" (Johannes 14,13-14).

Der Apostel Paulus ist keiner Auseinandersetzung mit den Mächten der Finsternis aus dem Weg gegangen. In Apostelgeschichte 13,4-12 lesen wir, wie Paulus und Barnabas auf Zypern einem falschen Propheten und Zauberer namens Elymas begegnen, der das Ohr des Statthalters hat. Als dieser von Barnabas und Paulus das Wort Gottes hören will, versucht Elymas, das zu verhindern. Lukas, der Verfasser der Apostelgeschichte, betont, dass Paulus vom Heiligen Geist erfüllt ist, als er Elymas gegenübersteht. Er nennt den Zauberer „Sohn der Hölle", einen Betrüger und Feind Gottes. Nach heutigen Begriffen ist Paulus nicht sehr tolerant … Zum Schluss erklärt er, dass Elymas vorübergehend blind sein wird – und sogleich kann der Zauberer nichts mehr sehen! Im Anschluss wird der Statthalter Christ.

Diese aus dem Heiligen Geist kommende Unerschrockenheit ist genau das, was wir heute brauchen. Vor einigen Jahren trat in den Niederlanden ein Mann auf, der behauptete, Gott und unsterblich zu sein. Er hielt Veranstaltungen ab und vollbrachte mehrere Wunder. Die Leute strömten ihm zu. Als er ankündigte, in der Stadt, in der ich (Andrew) wohnte, eine Gemeinde gründen zu wollen, trommelte ich mehrere Freunde zusammen. Wir riefen im Gebet zu Gott und dann gingen wir in die Veranstaltung dieses falschen Propheten. Als er vorne stand und sprach, stand ich auf und rief so laut, dass alle es hören konnten: „Was dieser Mann sagt, steht unter Gottes Fluch!" Etliche der Anwesenden verließen die Veranstaltung; meine Freunde und ich verteilten christliche Traktate an sie. Die Sekte hat sich nie mehr in unserer Stadt blicken lassen.

Die Mächte der Finsternis sind in unserer Welt stark. Wir sollten sie nie kleinreden. Der Okkultismus ist weit verbreitet und wir sollten ihn sehr ernst nehmen. Aber wir müssen ihn mit der Macht und Wahrheit Gottes konfrontieren. Wenn wir davon überzeugt sind, dass etwas falsch ist, warum sagen wir das nicht laut? Wenn wir Gott kennen, haben wir keinen Grund, den Feind zu fürchten. Die Tore der Hölle haben keine Chance gegen die Kraft des auferstandenen Christus.

Zum Nachdenken:

Haben Sie in dem geistlichen Kampf, der um Sie herum tobt, eine Aufgabe? Woran erkennen Sie die Stimme des Heiligen Geistes?

26. Erlösung – warum ausgerechnet so?

Sie sollen etwas vom Blut der Tiere ... an die Pfosten und oberen Türbalken der Häuser streichen, in denen sie das Lamm essen. (2. Mose 12,7)

Mose kann die Hebräer nur bis zu einem bestimmten Punkt führen. Es kommt der Augenblick, wo sie selbst entscheiden müssen, ob sie an Gott glauben oder nicht – indem sie den Anweisungen seines Boten folgen.

Es geht um Anweisungen, die – gelinde gesagt – merkwürdig sind. Jede Familie soll sich ein männliches, einjähriges Lamm oder eine entsprechende Ziege aussuchen – ein Tier pro Familie (war die Familie klein, konnte sie sich mit den Nachbarn zusammentun). Vier Tage später muss dieses Lamm geschlachtet und – jetzt kommt es – sein Blut an die Pfosten und den oberen Türbalken der Haustür gestrichen werden. Das Fleisch sollen die Israeliten gebraten essen, nicht roh oder gekocht, und sie sollen es schnell essen, aufbruchsfertig und für eine längere Reise angezogen. Bestimmt fragen sie sich, warum jede Familie ein Lamm oder eine Ziege essen soll und warum es ein männliches Tier sein muss. Warum genügt kein weibliches? Der Gesamteindruck ist: Das Leben der Israeliten hängt davon ab, dass sie diese Anweisungen bis aufs i-Tüpfelchen befolgen. Und genauso ist es auch.

Was hätten Sie gesagt, wenn Sie damals zu den Hebräern gehört hätten? Die Anweisungen werden nicht weiter erklärt, aber es scheint um Leben oder Tod zu gehen. Gehorche oder der erstgeborene Sohn in deinem Haus muss sterben. Es gibt keine Ausnahmen, es geht um jedes Haus in Ägypten, ob ägyptisch oder jüdisch, Palast oder Hütte. Es ist unmöglich, sich mit Geld freizukaufen. Auch Bildung und Verhandlungsgeschick nützen nichts. Entweder jemand in der Familie stirbt oder ein Tier stirbt an seiner Stelle.

Der einzige Schutz, den es gibt, ist – Blut. Kein Blut am Türrahmen und der Erstgeborene wird sterben. Es trifft jedes ägyptische Haus. Aber die Häuser der Hebräer werden verschont, denn: „Die Israeliten folgten den Weisungen, die Mose und Aaron vom Herrn empfangen hatten" (2. Mose 12,50).

Man mag hier einwerfen, dass das aber kein sehr liebender Gott ist. Wo, bitte sehr, ist hier Gottes Gnade? Nun, sie ist in dem Blut. Das war damals so und das ist noch heute so. Ohne Blutvergießen keine Gnade (vgl. Hebräer 9,22). Entweder wir zahlen selbst den Preis für unsere Sünde oder wir befolgen Gottes Anweisungen und lassen einen anderen die Strafe bezahlen. Sie denken, dass es doch möglich sein muss, sich Gottes Gnade zu verdienen? Was wir denken, ist uninteressant.

Die einzige Hoffnung für die Hebräer ist die Befolgung der klaren Anweisungen Gottes. Das ist heute noch so. In der westlichen Kultur gilt es als intolerant, wenn jemand sagt, dass Erlösung nur durch das am Kreuz vergossene Blut Christi möglich ist, aber dies ist die Wahrheit. Es gibt nur einen Weg zur Erlösung (vgl. Johannes 14,6).

Die Israeliten können es sich nicht selbst aussuchen, wie sie erlöst werden. Wir können das auch nicht.

Zum Nachdenken:

Finden Sie es eine Zumutung, dass Gott unsere Erlösung vom Blut Jesu abhängig gemacht hat? Warum oder warum nicht?

---

27. Wir sitzen in der Falle und brauchen ein Wunder

Der Herr sprach zu Mose: „Sag den Israeliten, sie sollen ihre Richtung ändern und bei Pi-Hahirot haltmachen, zwischen Migdol und dem Meer." (2. Mose 14,1-2)

Wir neigen dazu, einfache Lösungen zu suchen. Versetzen wir uns einmal in die Lage der Hebräer. Sie sind gerettet! Die Israeliten haben auf das Blut eines Lammes vertraut, und jetzt sind sie aus der Sklaverei befreit und auf dem Weg in ein neues Leben, in das Land der Verheißung. Bestimmt wird es ein leichter Weg; nach allem, was sie durchgemacht haben, haben sie das auch verdient …

Aber so war es natürlich nicht. Schon wenige Tage nach der Befreiung gibt es die ersten Probleme. Gott führte die Israeliten von Ramses nach Sukkot und weiter nach Etam, am Rande der Wüste (nachzulesen in 2. Mose 12,37; 13,20; 14,1-2; vgl. 4. Mose 33,5-7). Dann drehten sie um und gerieten zwischen eine natürliche Barriere und eine auf Rache bedachte Armee. Man fragt sich unwillkürlich: „Gott, was soll das?"

Es gibt Menschen, die glauben: Wenn man sich zu Jesus bekehrt – an ihn glaubt, ihn um Vergebung der Sünden bittet und in sein Herz einlädt –, sind alle Probleme vorbei. Wer so denkt, wird unweigerlich enttäuscht. So viele sagen: „Ich habe doch alles richtig gemacht …" Sie haben gebetet und fleißig gespendet. Gerade so, als ob der Glaube ein Kaugummiautomat ist: Wirf eine Münze ein und eine Gebetserhörung kommt heraus.

Es gibt keine automatische Belohnung für das Tun dessen, was ich als Gottes Willen erkenne, und dies aus zwei Gründen: Erstens gibt es einen Feind (den Teufel), der sich nicht kampflos geschlagen gibt. Und zweitens lenkt Gott meine Glaubensreise und er führt mich gerne in die Wüste, damit ich im Glauben wachsen kann.

So ist es auch beim Auszug aus Ägypten. Gott hat einen Plan, den er Mose erklärt (2. Mose 14,1-4). Wie ein guter Trainer, der seinem Team seine Strategie erläutert, weist Gott die Israeliten an, die Richtung zu ändern. (Sie hatten Ägypten auf dem direktesten Weg verlassen.) Und er sagt ihnen genau, wo sie haltmachen sollen – direkt am „Meer" (wir vermuten, an den Bitterseen). Was sie in eine heikle Lage brachte, denn falls die Ägypter ihren Zug beobachteten, dann würden sie erkennen, dass dies die Gelegenheit war, ihre ehemaligen Sklaven zu vernichten.

Menschlich gesprochen war diese Kursänderung eine Dummheit; für Gottes Pläne war sie perfekt. Gott erklärte Mose, dass der Pharao denken werde, die Hebräer seien plötzlich orientierungslos, und sich zu einer Strafaktion hinreißen lassen werde. Und dann „... werde ich ihn und sein Heer besiegen und zeigen, wie mächtig und erhaben ich bin. So werden die Ägypter erkennen, dass ich der Herr bin!" (V. 4) Auch die letzten Zweifel würden ausgeräumt sein.

Wir dürfen nicht vergessen, dass Gottes Pläne nicht nur uns persönlich gelten (auch wenn wir natürlich darin eingeschlossen sind), sondern der ganzen Welt. Es gibt Dutzende Bibelstellen über Gottes Wirken unter den Völkern. Wundern Sie sich nicht, wenn seine Pläne für die Welt keine Rücksicht auf unsere Komfortzone nehmen.

Zum Nachdenken:

Was war die hoffnungsloseste Situation, die Sie erlebt haben? Hat Gott dort eingegriffen?

28. Betet nicht nur – tut etwas!

Der Herr aber sagte zu Mose: „Warum schreist du zu mir um Hilfe? Sag den Israeliten lieber, dass sie aufbrechen sollen!"

(2. Mose 14,15)

Die Menschen, die Mose folgen, denken nur an ihre unmittelbaren Bedürfnisse. Als sie merken, dass vor ihnen das Wasser ist und hinter ihnen die ägyptische Armee, geraten sie in Panik. Und beginnen zu beten – oder?

Nein, sie jammern. Klagen ist nicht dasselbe wie Beten. Man braucht nicht besonders fromm zu sein, um zu jammern.

Die Israeliten klagen, dass ihre Lage aussichtslos ist. Es ist die Sichtweise der langen Jahre in der Sklaverei, und sie brauchen dringend eine andere Sichtweise. Mose zeigt sie ihnen.

Moses Botschaft lautet: Hört auf zu jammern und schaut, wie Gott handelt! Oder, in der Originalversion: „Habt keine Angst! Verliert nicht den Mut! Ihr werdet erleben, wie der Herr euch heute rettet. Die Ägypter werden euch nie wieder bedrohen. Der Herr selbst wird für euch kämpfen, wartet ihr nur ruhig ab!" (2. Mose 14,13-14) Worte eines Propheten. Glaubt Mose, was er da sagt? Die Lage ist tatsächlich aussichtslos. Die Hebräer haben sich völlig auf Mose verlassen und er hat sie in eine Sackgasse geführt.

Jetzt wäre es an der Zeit zu beten, aber den Hebräern ersterben die Gebete auf den Lippen. Also betet Mose. Und Gott antwortet ihm: „Warum schreist du zu mir um Hilfe?"

Warum?? Ist das nicht klar?

Und weiter: „Sag den Israeliten lieber, dass sie aufbrechen sollen!"

Mose muss gedacht haben: Wie, bitte? Vor uns ist nichts als Wasser! Wohin sollen wir denn aufbrechen?

Doch wieder muss er Gottes Befehl gehorchen. Und er hebt seinen Stab hoch und streckt ihn über das Wasser aus und Gott teilt das Wasser.

Es ist wichtig, dass wir uns die ganze Aussichtslosigkeit der Lage dort am Schilfmeer klarmachen; nur dann geht uns die Größe der Rettungsaktion Gottes auf.

Und jetzt folgen Sie in Gedanken dem Volk Israel anderthalb Jahrtausende weiter und spüren Sie die gleiche Hoffnungslosigkeit, vierhundert Jahre, nachdem das Alte Testament mit dem Propheten Maleachi geendet hat. Schweigen, Dunkelheit. Seit Jahrhunderten hat Gott nicht mehr gesprochen. Hat er sein Volk vergessen? Und dann kommt er in Bethlehem als Mensch zur Welt.

Und jetzt gehen Sie in unsere Gegenwart und spüren Sie die Hoffnungslosigkeit und Finsternis von Milliarden Menschen heute – Menschen, die noch nie von Gott gehört haben. Sie sitzen in der Falle; durch Religion werden sie nie und nimmer frei werden.

Das ist die Situation, in der wir Gottes Stimme gehorchen müssen wie einst Mose. Das ist der Grund, warum wir Menschen mit dem Opfer und dem Sieg von Jesus bekannt machen.

Zum Nachdenken:

Denken Sie an einen verlorenen Menschen (am besten einen Bekannten), der vom Evangelium nichts wissen will. Was für eine Hoffnung hat dieser Mensch in diesem Leben? Oder nach dem Tod? Nehmen Sie sich Zeit, für ihn oder sie zu beten.

---

29. Wie geht es weiter?

Mose ließ die Israeliten vom Schilfmeer aufbrechen. Sie zo-
gen los und kamen in die Wüste Schur.   (2. Mose 15,22)

Gerettet! Zum zweiten Mal innerhalb von ein paar Tagen.
Diesmal vernichtet Gott die Armee der Unterdrücker. Ein
echtes Wunder! Endlich glauben die Hebräer an Gott und
seinen Diener Mose; sie feiern ein Freudenfest, sie singen
und tanzen (2. Mose 15,1-21).

Können wir jetzt nach Kanaan? Wir glauben an dich,
Gott. Führe uns in das Land, das du uns versprochen hast!

Aber Gott ist noch nicht fertig mit seiner Glaubensschule,
ja, jetzt beginnt sie erst richtig. Die Hebräer haben noch viel
zu lernen. Ganze drei Tage nach dem großen Wunder murren
sie gegen Mose, weil das Wasser der Oase Mara zu bitter zum
Trinken ist. Gott stellt sie auf die Probe. Werden sie auf ihn
hören und seinen Geboten folgen?

Gottes Erziehungsweg führt durch die Wüste. Bei jeder
neuen Probe jammert das Volk. Wir haben Hunger. Wir haben Durst. Wir wollen Brot. Wir vermissen das Fleisch, das
wir in Ägypten hatten. Hast du uns zum Sterben hierher-
geführt?

Gott sorgt überreichlich für die Israeliten. Fleisch fliegt
buchstäblich in ihr Lager. Brot (Manna) erscheint sechs
Tage in der Woche auf dem Boden. Aber das Gedächtnis
der Israeliten ist kurz. Immer wieder missachten sie Gottes
Anweisungen. Wenn es Probleme gibt, ist das Volk nie daran schuld. Und wer ist die Zielscheibe aller Klagen? Mose.

Mit zwei bis drei Millionen Menschen samt Vieh, Zelten
und sonstigem Besitz durch die Wüste zu ziehen, ist keine

Kleinigkeit. Die Israeliten brauchen mindestens zwei Monate, um den Berg Sinai zu erreichen. Wir wollen keine große Sache daraus machen, aber wir glauben nicht, dass der echte Berg Sinai der ist, den die fromme Mutter des Kaisers Konstantin als den Berg der Gebote identifizierte und den heute die Touristen besuchen. Nach meinen (Andrews) Recherchen könnte der Berg Sinai in Midian liegen, wo Mose vierzig Jahre lang lebte. Vielleicht handelt es sich um den Dschebel al-Lawz im heutigen Saudi-Arabien, dessen Gipfel geschwärzt ist, offenbar von einem Feuer. Ich (Andrew) wollte diesen Berg einmal besuchen, doch die saudischen Behörden ließen mich nicht dorthin. Niemand darf sich dem Dschebel al-Lawz nähern, der für die Muslime absolut heilig ist.

Aber ob nun dieser Berg der „echte" Sinai ist oder der Berg, den die Touristen besuchen, oder ein unbekannter dritter Berg, ist für unsere Zwecke nicht so wichtig. Das Wichtige ist, dass der Berg Sinai eine gigantische Schule war, wo die Israeliten all die Regeln für den Gottesdienst und das Leben im Alltag vermittelt bekommen, die es im verheißenen Land brauchen wird. Wir finden diese Instruktionen vor allem im 2. und 3. Buch Mose.

Wie lernt man, so zu leben, wie Gott es von seinem Volk erwartet? Es gibt zwei Grundmethoden. Die erste ist die systematische Unterweisung – in erster Linie durch die Bibel. Die zweite heißt Lebenserfahrung. Beide Methoden brauchen Zeit und beide sind der eigentliche Sinn der Wüstenwanderung. Die Hebräer müssen lernen, Gott täglich zu vertrauen. Kein Trinkwasser? Betet – und erlebt, wie Gott euch versorgt. Nichts zu essen? Jeden Morgen sorgt Gott für das Manna. Kriegerische Feinde? Lasst Gott machen und euch den Sieg schenken.

Das ist heute nicht viel anders. Wir sind davon überzeugt, dass ohne Ausnahme jeder, den Gott gebraucht, in seinem Leben Wüstenzeiten erlebt. Das kann eine Zeit der inneren Dürre sein. Oder eine Arbeit, die uns sinnlos erscheint. Oder ein schwieriger Mensch oder eine Situation, die wir nicht verstehen.

Das sind Schmelztiegel, in denen Gott sein Volk formt. Vergessen wir nicht: Mose brauchte vierzig Jahre als Hirte, bis er bereit war für Gottes Auftrag.

Betrachten Sie Prüfungen und Schwierigkeiten nicht als unerträgliche Lasten. Und reagieren Sie lieber nicht so wie die Hebräer: mit Jammern und Klagen. Sehen Sie schwierige Umstände als Gelegenheiten, Gott zu vertrauen und sein Eingreifen zu erleben.

Zum Nachdenken:

Was für Situationen in Ihrem Leben hat Gott schon benutzt, um Ihnen mehr Gottvertrauen beizubringen?

Teil III

Gott kennenlernen

~

30. Gott höchstpersönlich

„Rede nur du mit uns …! Gott selbst aber soll nicht mehr zu uns sprechen, sonst sterben wir noch!" (2. Mose 20,19)

Die Hebräer waren ganz aufgeregt. Bald würden sie dem Gott begegnen, der sie gerettet hatte! Drei Tage lang hatten sie sich am Fuße des Sinai vorbereitet und gereinigt. Ihre besten Kleider hatten sie angezogen, wie für die Begegnung mit einem gekrönten Haupt – sie würden ja dem Herrn des ganzen Universums begegnen. Donner, Blitze und eine dichte Wolke kündigten Gottes Ankunft an. Es muss beeindruckend gewesen sein.

Wünschen Sie sich auch, Sie hätten dabei sein können? Wir lieben sie doch, die Staatsbesuche und bunten Feste und Umzüge, vor allem, wenn es auch noch ein Feuerwerk gibt. „Mose führte sie aus dem Lager, Gott entgegen, und sie stellten sich am Fuß des Berges auf" (2. Mose 19,17). Rauch stieg von dem Berg auf, die Erde bebte, immer lauter wurde der Klang des Widderhorns. Gott wies Mose strikt an, das Volk in gebührendem Abstand von dem Berg zu halten; wer schon jetzt seinen Fuß auf den Berg setze, werde sicher sterben.

Gott hatte die volle Aufmerksamkeit des Volkes.

Und dann stellte Jahwe sich vor: „Ich bin der Herr, dein Gott; ich habe dich aus der Sklaverei in Ägypten befreit" (2. Mose 20,2). Ein Jubelschrei der Menge antwortete ihm. Gut, das steht nicht in der Bibel, aber diese Worte müssen die Israeliten begeistert haben. Hier wurde Geschichte geschrieben und sie waren dabei!

Doch nur ein paar Minuten – und die Begeisterung war weg. Die Israeliten baten Mose, zwischen sie und Gott zu treten. „Gott selbst soll nicht mehr zu uns sprechen, sonst sterben wir noch!" Was war passiert? Gott hatte lediglich die Bedingungen seines Bundes mit dem Volk genannt – die berühmten Zehn Gebote –, und diese Worte ließen die Hebräer die Furcht des Herrn erfahren. Genauer gesagt: Sie bekamen wahnsinnige Angst.

Wünschen Sie sich manchmal, dass Gott direkt zu Ihnen redet? Das würde doch so viele Einwände beseitigen. Viele sagen ja: „Gott hat noch nie zu mir gesprochen; was soll ich da an ihn glauben?" Nun, damals hörten mindestens zwei Millionen Menschen Gottes Stimme mit ihren eigenen Ohren – und es gefiel ihnen überhaupt nicht.

Im Grunde wollen die Menschen keine so direkte Begegnung mit Gott, weil sie dann keine Entschuldigung mehr haben, wenn sie ihm nicht gehorchen. Gottes Gebote sind so unangenehm schwarzweiß. Wir wollen lieber selbst darüber entscheiden können, ob wir ihm in einer Situation gehorchen oder nicht.

Zum Nachdenken:

Wie gut möchten Sie Gott kennenlernen? Wie nahe möchten Sie ihm sein?

---

31. Der große Haken

„Du sollst außer mir keine anderen Götter verehren!"

(2. Mose 20,3)

Das Problem am Berg Sinai hieß Exklusivität. Gott hatte die Hebräer befreit. Sie waren nicht länger Sklaven in Ägypten, sondern auf dem Weg in ihr eigenes Land, wo sie ihre eigenen Äcker bestellen und ihre eigenen Häuser und Städte bauen würden, ohne von grausamen Aufsehern geschlagen zu werden. Aber da gab es einen Haken: Der Gott, der ihnen diese Freiheit geschenkt und all die Wunder getan hatte, um sie aus ihrem Gefängnis herauszuholen, dieser Gott bestand darauf, dass sie ihn und nur ihn allein verehrten.

Klingt eigentlich vernünftig, meinen Sie nicht auch? Aber versuchen wir einmal, die Sache aus der Perspektive der Israeliten zu sehen: Wir wissen unsere Freiheit zu schätzen, wir sind nicht undankbar. Vielen, vielen Dank, Gott! Aber lege uns doch bitte nicht so fest. Es gibt doch so viele Religionen und Götter. Wer sagt denn, dass eine Religion größer ist als eine andere?

Die Israeliten erahnten die ungeheure Macht Gottes und sie merkten: Nein, das war kein Kuschelgott. Mit einem lieben, netten, pflegeleichten Gott, der sie in Ruhe ließ und als Feuerwehr eingriff, wenn es mal brannte, kämen sie gut zurecht. Aber ein Gott, der ihnen strenge Gebote gab – da hielt man besser Abstand. Er ähnelte ja fast einem zornigen Pharao. „Mose, rede du mit ihm und berichte uns anschließend. Aber sorge dafür, dass er uns nicht zu nah kommt."

Und so wurde Mose der Mittler zwischen dem Volk und Gott. Und der Empfänger des Segens.

Gott führte durch den Stamm Levi das Priesteramt ein, weil das Volk Israel selbst nicht bereit war, sich ihm zu nähern. Heute haben viele Menschen genauso lieber eine Mittlerfigur wie Mose als die direkte Begegnung mit dem Allmächtigen selbst. Wir neigen dazu, auch unsere Pastoren so zu sehen. Unser „Job" ist es, ihnen sonntags zuzuhören. Der Pastor betet (hoffen wir), hört, was Gott ihm sagt, macht die ganze Arbeit und bringt uns Gottes Botschaft. Wir sitzen in den Bänken, hören zu und überlegen, ob die Predigt uns betrifft. Und wenn wir sie mögen, tun wir etwas in die Kollekte. (Wir hoffen, dass Sie Ihre Sonntage nicht so erleben ...)

Kein Zweifel, wir brauchen gute Verkündiger. Und mehr Menschen wie Mose – Menschen, die die direkte Begegnung mit Gott suchen. Sie können solch ein Mensch werden! Aber die direkte Begegnung mit Gott hat ihre Risiken. Als die Israeliten Mose baten, ohne sie vor Gott zu treten, stieg er auf den Berg, hinein in die dunkle Wolke (2. Mose 20,21). Wie erlebte er das? Wir wissen es nicht und es ist diese Ungewissheit, die uns zögern lässt, wirklich ernst zu machen mit der Beziehung zu Gott. Wie C.S. Lewis über Aslan schreibt, den Löwen in den Narnia-Geschichten, der für Christus steht: „Er ist nicht harmlos, aber er ist gut."

Möchten Sie wirklich Gott kennenlernen? Mose wollte es. Seine Gottesbeziehung begann an eben diesem Berg, vor dem brennenden Dornbusch, und sie wuchs, als er die Wundertaten Jahwes erlebte. Jetzt stand er im Begriff, in eine neue Tiefendimension dieser Beziehung einzutreten. Was ihn dort erwartete? Er wusste es nicht.

Zum Nachdenken:

Haben Sie Angst davor, Gott näher kennenzulernen? Warum?

32. Nicht so ungeduldig!

Als Mose so lange Zeit nicht vom Berg herabkam, versammelten sich die Israeliten bei Aaron und forderten ihn auf: „Mach uns eine Götterfigur, die uns den Weg zeigt! Wer weiß, was diesem Mose zugestoßen ist, der uns aus Ägypten herausgeführt hat!" (2. Mose 32,1)

Sechs Wochen und schon den Glauben verloren? Wie konnten die Israeliten sich so schnell von dem Gott abwenden, der so viele Wunder vollbracht und sie befreit hatte? Hatte er nicht ein wenig Loyalität verdient? Wie war es möglich, dass sie sich ein Goldenes Kalb machten und anschließend anbeteten?

Wir sollten nicht allzu überrascht sein. Die Gebete der Hebräer waren erhört worden, ihre Wünsche erfüllt. Ist das nicht die Art Religion, die wir auch mögen? Gottesbeziehung als Einbahnstraße. Wir brauchen etwas und so beten wir. Gott erhört uns und wir bekommen (hoffentlich) das, was wir wollen. Wir schieben eine Münze in den religiösen Automaten und heraus kommt die gewünschte Ware.

Mit Religion kannten sich die Hebräer aus. Ägypten war voller Religion. Es gab jede Menge Götzen, jeder hatte seinen Namen. Man betete zu ihnen und sie antworteten nicht. Sie schleuderten keine Blitze und verlangten nicht, dass man nur sie anbetete. Sie waren religiös tolerant. Man verneigte sich kurz von ihnen und ging wieder und machte sein Ding.

Die Menschen wünschen sich Götter zum Anfassen. Jahwe, der Gott, der ist, lässt sich nicht als Käfer oder Kuh oder auch Sonne darstellen. Ja, wie sieht er aus? Es gab Blitze und Rauch, ein bisschen Feuerwerk, aber jetzt? Nur diese undurchdringliche Wolke um den Berg. Und Stille. Uns langt's! Wir wollen endlich in dieses neue Land. Wir wollen nicht mehr warten. Wir haben vierhundert Jahre gewartet, das reicht.

An wen wandten sich die Israeliten? An Aaron, Moses Bruder. „Tu was!", forderten sie ihn auf. „Du bist der zweite Mann und wo der erste ist, weiß der Kuckuck." Eine Bibelübersetzung formuliert in 2. Mose 32,1: „Geh an die Arbeit!" Alles ist besser als Warten und Nichtstun. Wenn wir das Ziel schon nicht kennen, wollen wir wenigstens schneller laufen ...

Und Aaron veranstaltete eine Schmucksammlung. Er sammelte goldene Ohrringe und schmolz sie ein. Was machte er aus dem Gold? Das, was er aus all den Jahren in Ägypten kannte – er formte das geschmolzene Gold zu einem Kalb. Merkwürdig. Die Götter Ägyptens waren gerade im Kampf gegen den Hebräergott vernichtend geschlagen worden. Warum wollten diese Menschen, die im Schatten des siegreichen Jahwe standen, zurückkehren zu den Verlierern? Vielleicht hatten sie schlicht und einfach Angst vor Jahwe. Es ist doch viel einfacher, einem Götzen ein paar Opfer zu bringen und anschließend eine große Party zu feiern.

Zum Nachdenken:

Was für Götzen machen Gott seinen Platz in Ihrem Leben streitig?

---

33. Die Mehrheit oder Gott?

Aaron ließ bekannt geben: „Morgen feiern wir ein Fest zu Ehren des Herrn!" (2. Mose 32,5)

Wie führt man ein Volk richtig? Viele Europäer sind in einem demokratischen System aufgewachsen, wo die Regierenden (zumindest theoretisch) dem Willen der Mehrheit folgen. Wenn wir unsere Regierung nicht mehr mögen, wählen wir sie bei der nächsten Gelegenheit ab und ersetzen sie durch eine „bessere". Aber was, wenn die Mehrheit falschliegt? Manchmal muss ein Politiker Stellung beziehen, den Menschen die Wahrheit sagen und versuchen, sie auf den richtigen Weg mitzunehmen. Es ist möglich, dass sie seine Botschaft ablehnen. Oder auch nicht.

Aaron befand sich in einer ernsten Krise. Die Hebräer setzten ihn massiv unter Druck. Anstatt in dieser Situation erst einmal um Bedenkzeit zu bitten und die richtige Lösung zu suchen, gab Aaron dem Druck nach, baute einen Altar und proklamierte „ein Fest zu Ehren Jahwes". Ja, so steht es in der Bibel: Moses Bruder gab dem Götzenbild Gottes Namen!

Mit einer ernsten Krise konfrontiert, verhielt Aaron sich „demokratisch" und nicht theokratisch. Er richtete sich nach dem Willen der Mehrheit und nicht nach dem Willen Gottes. Aaron war nicht konsequent, aber in dieser Situation war Konsequenz gefragt. Wer die Mehrheitsmeinung blind akzeptiert und die Realität ignoriert, der führt nicht, sondern verführt. Aaron stand mit einem Bein bei Gott und mit dem anderen beim Volk. Er versuchte, sich in alle Richtungen abzusichern. Das ist keine Führung.

Als Mose ihn zur Rede stellte, flüchtete sich Aaron in lahme Ausreden (vgl. V. 22-24). „Das ist nicht meine Schuld", beteuerte er. „Das Volk hat mich dazu gezwungen." (Er hätte wohl besser gesagt: „Das hat mir der Teufel eingegeben.") „Sie haben mir ihr Gold gegeben, ich hab's eingeschmolzen, und, tja, dann ist auf einmal dieses Kalb daraus geworden." Also ein Wunder, sozusagen.

Aaron, ist das dein Ernst? Warum konnte er seine Schuld nicht rundheraus zugeben? Weil er sich keine Blöße geben wollte. Er hatte zahlreiche Wunder miterlebt und so spekulierte er vielleicht darauf, einfach das nächste Wunder zu behaupten, um sich so aus der Affäre zu ziehen. Wenn es heiß wird, flüchten wir uns gerne in die nächstbeste Ausrede, wie lächerlich diese auch sein mag.

Erkennen wir die tiefe Tragik dieser Situation? Ein ganzes Volk stand im Begriff, seine Erlösung wegzuwerfen, und Aaron merkte es nicht. Warum hatte er nicht innegehalten und gebetet und sich gefragt: Was ist Gottes Wille in dieser Situation? Aber Jahwe, das war der Gott seines Bruders Mose. Mose hatte mit Gott gesprochen und Aaron gesagt, was er dem Volk sagen sollte, und Aaron hatte gehorcht. Und jetzt war Mose nicht da und das Volk wurde ungeduldig. Was wollte man von Aaron erwarten?

Und auch das Volk ging nicht auf die Knie, um zu beten. Es stand auf, um sich zu vergnügen. Und während es nichtsahnend eine wilde Party feierte, plante Gott seine Vernichtung.

Aaron war ein total unfähiger Leiter. Er machte eine Meinungsumfrage, um zu sehen, aus welcher Richtung der Wind wehte, und richtete seine Politik danach aus. Gottes Reich arbeitet nicht mit Meinungsumfragen. Die Mehrheit der Sünde führt niemals zum richtigen Programm. Wir brauchen die klare Weisung des Königs aller Könige, und Mose war damals der Einzige, der diese Weisung bekam.

Wo bekommen wir solche Wegweisung heute?

Zum Nachdenken:

Was machen Sie mit den neuesten Meinungsumfragen? Wie stellen Sie ihnen Gottes geoffenbarten Willen gegenüber?

---

34. Ein Angebot, das Mose nicht ablehnen kann

Da sprach der Herr zu Mose: „Steig schnell hinab, denn dein Volk, das du aus Ägypten herausgeführt hast, hat etwas Abscheuliches getan!" (2. Mose 32,7)

Haben Sie sich auch schon über Ihre Kinder aufgeregt und Ihrem Ehepartner gesagt: „Was machen deine Kinder da?!"? Wenn jemand, den wir lieben, uns enttäuscht, ist es ganz natürlich, dass wir auf Distanz zu ihm gehen.

Mose und Gott sprachen miteinander und waren guter Dinge. Schön, Mose fastete gerade, aber er dachte dabei nicht an seinen Körper. Seit Tagen schon zeigte Gott ihm seine Pläne für ein wunderbares Heiligtum, in dem die Israeliten ihm begegnen könnten. Mose hatte sich jedes Detail eingeprägt – alle Maße und Anweisungen. Da wurde Gott plötzlich zornig. Mose hatte ihn schon einmal zornig erlebt – damals, am brennenden Dornbusch, als er ihn gebeten hatte, doch jemand anderen zu seinem Volk zu schicken. Aber das hier war schlimmer. Viel schlimmer!

Gott verstieß die Hebräer. Sie waren nicht mehr sein Volk; er nannte sie „dein Volk". Mose, sie gehören dir, ich gebe mich nicht mehr mit ihnen ab! Mose wird sich gefragt haben, wie Gott dazu kam, so etwas zu sagen, und Gott erklärte es ihm:

- Die Israeliten haben sich im Nu von meinen Geboten abgewandt.
- Sie haben sich ein Goldenes Kalb gegossen und es angebetet.

- Sie haben gesagt: „Das ist unser Gott, der uns aus Ägypten befreit hat!"

Es ist ein stures, halsstarriges Volk, sagte Gott. Und jetzt kam der Hammer: „Versuche nicht, mich umzustimmen. Ich bin so zornig, dass ich sie alle auslöschen werde. Ich werde von vorne anfangen – mit dir. Mose, ich mache dich zu einem großen Volk!" (vgl. 2. Mose 32,10)

Wer hatte je ein solches Angebot erhalten? Vielleicht Noah, als Gott eine ganze Welt auslöschte und mit einer Familie neu anfing. Was er damals getan hatte, konnte er wieder tun. Er und nur er hatte das Recht dazu.

Abraham hatte die Verheißung einer riesigen Nachkommenschaft erhalten, aber ihre Erfüllung nie erlebt. Mose wusste, dass am Fuße des Berges zwei bis drei Millionen Nachkommen Abrahams auf ihn warteten. Es brauchte nicht viel Fantasie, um sie sich alle tot vorzustellen; er brauchte nur in Gedanken drei Monate zurückzugehen, zu den Leichen der ägyptischen Soldaten, die die Wellen des Schilfmeers ans Ufer schwemmten, nachdem Gott die Armee des Pharaos vernichtet hatte.

Aber verstieß Gott nicht gegen seine eigene Verheißung, wenn er die Israeliten vernichtete? Andererseits: War Mose nicht auch ein Nachkomme Abrahams? Über Isaak, Jakob und Levi führte die Abstammungslinie eindeutig zu ihm. Nein, Gott würde sein Versprechen an Abraham nicht brechen, wenn er Israel auslöschte.

Doch Gottes Erklärung stellt Mose vor ein Dilemma. Einerseits hatte er einen Haufen Undankbarer und Treuloser am Hals, die bei jeder Gelegenheit Gott den Rücken kehrten. Hier war seine große Chance, seine Rolle als Führer dieses Volkes (um die er sich sowieso nicht gerissen hatte) loszuwerden. Er konnte noch einmal neu anfangen und der Gründer eines neuen, großen Volkes werden. Wer würde zu so einem Angebot schon Nein sagen?

Doch andererseits spürte Mose eine große Verantwortung. Er hatte aus Überzeugung gehandelt, als er den Palast des Pharaos verließ und sich auf die Seite Israels stellte. Wie konnte er dieses Volk jetzt auf einmal fallen lassen? Wenn ich Gott dazu bringen kann, dass er sich beruhigt und mir zuhört, kann ich ihm vielleicht die andere Seite der Medaille zeigen. Klingt verrückt, oder? Aber so dachte Mose.

Zum Nachdenken:

Haben Sie schon einmal eine bestimmte Gruppe von Menschen für so böse gehalten, dass Sie meinten, Gott sollte sie vernichten? Was machen Sie mit solchen Gedanken?

---

35. Ein Angebot, das Mose ablehnen muss

Mose jedoch flehte den Herrn, seinen Gott, an …

(2. Mose 32,11)

Wie redet man mit jemandem, der außer sich ist vor Zorn? Denn genau das ist Gott gerade; er fühlt sich verraten wie ein Mann, der seine Frau mit einem anderen im Bett ertappt hat. Nein, es ist noch schlimmer, es ist der totale Verrat. Die Hebräer proben den Aufstand gegen ihren rechtmäßigen Herrn; sie wollen ihn durch einen anderen ersetzen. Kaum drei Monate ist es her, dass Gott sie so wunderbar gerettet hat, und jetzt behaupten sie, dass eine Metallfigur sie erlöst hat! Es ist ein Frontalangriff auf Gottes Ehre und einen Angriff auf die Ehre ließ (und lässt) man im Nahen Osten nicht durchgehen.

Es ist eine schlimme Krise in der Geschichte Israels, aber das Volk ahnt nicht, dass seine Zukunft auf dem Spiel steht. Mose hingegen schon und seine Reaktion ist aufschlussreich. Im Wesentlichen lautet sie: „Gott, das kannst du doch nicht machen!" Er akzeptiert etwas, das Gott gesagt hat, nicht als Wort Gottes. Oder jedenfalls noch nicht – nicht ohne mit Gott gerungen zu haben.

Gottes Zorn scheint grenzenlos. Der große Befreier Israels redet gleichsam im Affekt. Würde er zu sich kommen, würde er merken, dass ihm das aufsässige Volk immer noch am Herzen liegt. Wer wird ihm das zeigen? Wer wird ihm helfen, zu einer objektiveren Sicht der Lage zu kommen?

Mose. Er „fleht" zu Gott (so mehrere Bibelübersetzungen bei 2. Mose 32,11) bzw. er versucht, ihn zu „besänftigen" (so die Menge-Bibel und Einheitsübersetzung) oder „umzustimmen" (so die Gute Nachricht Bibel). All diese Übersetzungen kommen uns zu zahm vor. Gottes Zorn ist so groß, dass Mose sagen kann, was er will, es wird nichts nützen. Aber wenn er ihn von diesem Zorn herunterholen könnte, dann könnte er vielleicht vernünftig mit Gott reden. Wir haben Bibelkommentare und Wörterbücher gewälzt, und siehe da, das hier im Urtext benutzte hebräische Verb bedeutet: etwas berühren oder, genauer, massieren. Also: Stellen Sie sich vor, wie Mose nach kurzem Zögern Gottes Gesicht berührt und dann streichelt, um ihn zu besänftigen. Kennen Sie sie, die „Zornesfalten" auf dem Gesicht eines Wütenden? Mose versucht gleichsam, diese Falten glatt zu bügeln. Was für eine tiefe Freundschaft hatte er mit Gott! Er war ihm so nah, dass er sein Gesicht berühren konnte.

Man kann hier natürlich einwenden, dass Mose doch Gottes Gesicht unmöglich sehen, geschweige denn berühren konnte. Doch ein Kapitel später (2. Mose 33,11) lesen wir, dass Gott mit Mose „von Angesicht zu Angesicht" sprach, „wie Freunde miteinander reden." Das ist genau das, was hier geschieht. Doch in 2. Mose 33,20 wiederum sagt Gott, als Mose seine Herrlichkeit sehen möchte, dass niemand sein Angesicht sehen und am Leben bleiben kann. Wie war es nun genau? Eines ist jedenfalls klar: Mose hatte enge Gemeinschaft mit Gott. Was er dort genau gesehen hat, wissen wir nicht, aber es gelingt ihm, einen zornigen Gott zu besänftigen, sodass er ihm Worte sagen kann, die sein Volk vor dem Untergang retten.

Mose hat allen Grund, auf die Hebräer sauer zu sein. Aber sie sind sein Volk; das ist seit über vierzig Jahren klar, als er sich für sie und gegen die Privilegien des königlichen Palastes entschied. Sollte er das auf einmal wegwerfen? Unmöglich! Aber – wie redet man mit einem zornigen Gott?

Zum Nachdenken:

Finden Sie es richtig, dass Mose versuchte, Gott zu beruhigen? Warum bzw. warum nicht?

36. Hilft es, mit Gott zu ringen?

Mose jedoch flehte den Herrn, seinen Gott, an und sagte:
„Wozu, Herr, entbrennt dein Zorn gegen dein Volk …?"
(2. Mose 32,11)

Mose kennt Gottes Barmherzigkeit; er hat sie bei der Offenbarung am brennenden Dornbusch erlebt. Damals sagte Gott, dass er das Schreien seines Volkes in Ägypten gehört hatte und sein Leiden kannte. Und so erinnert Mose Gott an diese Barmherzigkeit. Und daran, wie er die Israeliten „mit großer Kraft und starker Hand" aus Ägypten geführt hat (2. Mose 32,11). Mose sagt praktisch: „Gott, das hast du gemacht, nicht ich; ich war nur dein Werkzeug."

Zweitens packt er Gott bei seiner Ehre. Sollen die Ägypter etwa behaupten können, dass er die Israeliten nur deswegen befreit hat, „um sie in den Bergen zu töten und vom Erdboden verschwinden zu lassen" (V. 12)? Was er nicht laut sagt, ist, dass Gott sich als stärker erwiesen hat als sämtliche Götter Ägyptens. Er hat die Hebräer unter seinen Schutz genommen. Und jetzt soll das alles umsonst gewesen sein, weil mit so einem furchtbaren Gott doch niemand etwas zu tun haben will?

Und schließlich erinnert Mose Gott an die Verheißungen, die er Abraham, Isaak und Jakob gegeben hat. Du, Jahwe, hast gesagt: „Ich lasse eure Nachkommen so zahlreich werden wie die Sterne am Himmel. Sie werden das Land, das ich euch versprochen habe, für immer in Besitz nehmen!" (V. 13) Willst du etwa dein Versprechen brechen, Gott?

Wir haben bereits erwähnt, dass Gott seine Verheißungen im Prinzip auch mit Mose und dessen Nachkommen hätte erfüllen können. Aber das ursprüngliche Bundesvolk vernichten – sollte das der Sinn des Bundes sein? Und da ist noch etwas, was unausgesprochen bleibt: Hätten Moses Nachkommen sich denn besser geschlagen? Alle Menschen sind doch Sünder!

Mit diesen drei Argumenten bittet Mose Gott, das Volk zu verschonen. Und – o Wunder – Gott hört auf ihn.

Wie ist das mit uns? Sind wir bereit, vor Gott zu treten und um die Erlösung anderer Menschen zu ringen? Haben wir den Mut, Gott bei seiner Ehre zu packen? Wir können sicher sein: Wenn wir in unseren Gebeten nur unsere persönlichen Bedürfnisse und unsere Freunde und Familie vor Gott bringen, werden wir ihn nie so kennenlernen wie Mose. Und wir werden nichts in dieser Welt ändern.

Zum Nachdenken:

Haben Sie schon einmal einen Menschen oder eine Gruppe von Menschen im Gebet vor Gott gebracht und ihm dabei seine Verheißungen und seinen Ruf vorgehalten? Was lernen Sie hier über das Beten?

37. Kann man Gott umstimmen?

Da lenkte der Herr ein und ließ das angedrohte Unheil nicht über sie hereinbrechen. (2. Mose 32,14)

1990 schrieb ich (Andrew) ein Buch mit dem Titel *Gott versetzt Berge, wenn wir ihn bitten.* Viele Leser protestierten gegen den Originaltitel „And God Changed His Mind" („Gott überlegte es sich anders"). Gott ändert sich doch nicht, so sagten sie. Er hat uns vor der Erschaffung der Welt erwählt, er kennt Anfang und Ende. Er ist allwissend und der Vater der Vorsehung. Wie kann Gott es sich anders überlegen? Wir können uns nur in seinen Willen schicken und unser Los annehmen ...

Aber wenn alles schon von Gott vorherbestimmt ist, warum dann noch beten? Gute Frage. Warum stellte Mose sich gegen Gottes erklärten Willen, die Israeliten zu vernichten und stattdessen Moses Nachkommen zu einem großen Volk zu machen (2. Mose 32,10)? Hätte er nicht besser salutiert und gesagt: „Jawohl, Herr! Dein Wille geschehe!"? Genau das tat Mose nicht. Geradezu leidenschaftlich versuchte er, Gott umzustimmen.

Es gibt mindestens sieben Beispiele im Alten Testament, wo Gott es sich anders überlegt. Manche Übersetzungen geben das entsprechende hebräische Wort mit „reuen" oder „gereuen" wieder. Zweimal fleht Amos Gott an, ein angedrohtes Gericht nicht auszuführen. Das erste Mal geht es um eine Heuschreckenplage. Amos ruft zu Gott: „Ach Herr, Gott, vergib doch! Wie sollen die Nachkommen Jakobs sonst überleben? Sie sind ja ein so kleines Volk!" (Amos 7,2) In einer anderen Vision bestraft Gott sein Volk

mit Feuer. Wieder bittet Amos ihn, sein Gericht zurückzuhalten (V. 5). Und beide Male lenkt Gott ein und sagt: „Was
du dort gesehen hast, wird nicht eintreffen!" (V. 3+6)

Hat Gott mit Amos gespielt? Wir glauben, nein.

In Jeremia 18,8 sagt Gott dem „weinenden Propheten",
dass er sein Gericht nicht ausführen wird, wenn das Volk
„sich von seiner Bosheit abwendet". Später befiehlt er Jeremia, im Tempelvorhof sein Gericht zu predigen. „Vielleicht
hören sie darauf und kehren um von ihren falschen Wegen.
Dann werde ich meinen Entschluss ändern und das angedrohte Unheil nicht über sie hereinbrechen lassen" (Jeremia 26,3). Glauben wir das – dass Predigten etwas bewirken
können? Dass Gott sein Gericht zurücknimmt, wenn ein
Land umkehrt?

Oder denken wir an Jonas Gerichtsbotschaft an Ninive.
Gott hatte die Zerstörung der Stadt angekündigt, aber als
die Assyrer Buße taten, verzichtete Gott auf sein Gericht.
Hatte Gott seine Gerichtsbotschaft etwa nicht ernst ge-
meint? O doch, sehr wohl!

Schließlich noch ein Beispiel aus der umgekehrten Perspektive. Nach Hesekiel 22,30-31 sagte Gott: „Ich suchte
einen Mann, der für das Land einen Schutzwall baut und die
Lücken in den Mauern ausbessert, damit es gewappnet ist,
wenn ich es zerstören will. Doch ich fand keinen. Darum
lasse ich euch meinen Zorn spüren, er wird euch vernichten
wie ein Feuer." Hier suchte Gott jemanden, der ihm sein
Gericht ausredet – und fand niemanden.

Natürlich ist Gott allwissend. Aber er ist auch jemand,
der mit uns reden will. Wo viel auf dem Spiel steht, kommt
es womöglich auf uns an. Es kann sein, dass Menschen um-
kommen, weil wir nicht gehandelt haben.

Was können wir hier lernen? Dass wir keine hilflosen Fatalisten sein müssen, die bei allem und jedem sagen: „Das ist eben Gottes Wille." Gott hat uns die Macht gegeben, Situationen zu verändern. Wir können als Gottes Mitarbeiter die Geschichte unseres Planeten mitgestalten. Warum nutzen wir diese Gelegenheit nicht? Warum fangen wir nicht an, mit Gott zu verhandeln?

Am Vorabend seiner Hinrichtung ließ Jesus seine Jünger in sein Herz schauen: „Wenn ihr aber fest mit mir verbunden bleibt und euch meine Worte zu Herzen nehmt, *dürft ihr von Gott erbitten, was ihr wollt*; ihr werdet es erhalten" (Johannes 15,7; Hervorhebung von uns).

Zum Nachdenken:

Glauben Sie, dass Gott es sich anders überlegen kann? Warum bzw. warum nicht? Was lernen Sie daraus für die Art, wie Sie beten sollten?

38. Ein böses Erwachen

Mose wandte sich um und stieg vom Berg herab. In seinen Händen hielt er die beiden Steintafeln mit den Gesetzen ...
(2. Mose 32,15)

Mose hat Gott dazu gebracht, das furchtbare Gericht zurückzunehmen, das er über Israel bringen wollte. Als er den Berg herabsteigt, trägt er in den Armen die Gebote Gottes, die dieser mit eigener Hand in zwei Steintafeln gemeißelt hat. Am Fuße des Berges erwartet Mose Josua (der sich über sein langes Wegbleiben nicht so viele Sorgen gemacht zu haben scheint wie die übrigen Hebräer), und gemeinsam gehen sie zum Lager. Mose wird von den vierzig Tagen Fasten recht geschwächt gewesen sein.

Wie geht es weiter? Mose hat die Szene, die Gott so erbost hat, ja noch nicht selbst gesehen. Aber jetzt, wo er sich mit Josua dem Lager nähert, hört er den Lärm. Josua, der ein Krieger ist, deutet ihn als Waffenlärm, doch Mose merkt, dass hier etwas noch viel Ernsteres vorgeht. Und dann sieht er es: das Goldene Kalb, das Tanzen, die Orgie.

Jetzt ist es an Mose, zornig zu werden. Der Zorn Gottes packt auch ihn, sodass er nicht still stehen kann. Mit plötzlicher Energie schmeißt er die Steintafeln auf den Boden. Wir haben uns gefragt, warum, und glauben, dass er es mit voller Absicht gemacht hat. Er weiß, dass diese Tafeln das Volk verurteilen, denn auf ihnen steht ja: „Du sollst außer mir keine anderen Götter verehren!", und: „Fertige dir keine Götzenstatue an ... Wirf dich nicht vor solchen Götterfiguren nieder, bring ihnen keine Opfer dar! Denn ich bin der Herr, dein Gott. Ich dulde keinen neben mir!" (2. Mose 20,3-5) Ein wütender Mose zerstört die einzigen physischen Beweisstücke für Gottes Gericht. Die Tafeln mit Gottes Geboten werden zu einem staubigen Trümmerhaufen. Aber Gott hat eben diese Worte ja bereits direkt zum Volk gesprochen, das mithin keine Ausrede hat.

Das Zerschmettern der Gesetzestafeln ist nur der Anfang einer ganzen Reihe von Handlungen: Als Nächstes vernichtet Mose das Götzenbild. Er schmilzt es ein, zerreibt es zu Staub, streut diesen in Wasser und lässt das Volk dieses Wasser trinken. Dann nimmt er sich seinen Bruder Aaron vor. Der versucht, wie bereits erwähnt, sich vor der Verantwortung zu drücken. Sinngemäß sagt er zu Mose: „Das war nicht meine Schuld. Du weißt ja, wie diese Menschen sind; da steht man hilflos davor."

Wie typisch. Das Schuld-Verschiebespiel kennen wir bestimmt auch gut. „Gott, du musst das verstehen ... Ich hatte keine Chance ... die anderen haben mich gezwungen."

Aaron versucht sogar, Mose ein Stück von der Schuld zu geben. Nicht direkt natürlich, aber, nun ja ... wäre Mose nicht so lange auf dem Berg geblieben, dann wäre das hier nicht passiert. Wie traurig! Aaron glaubt, dass Mose verantwortlich für den Abfall des Volkes ist, weil er sich auf Gottes Einladung hin Zeit nahm, auf dem Berg mit Gott zu reden. Es ist absurd – aber vielleicht denken wir ganz ähnlich.

Zum Nachdenken:

Sie haben es sicher schon öfters gehört: Ein Götze ist alles, was Gottes Platz in unserem Leben beansprucht. Nehmen Sie sich ein paar Minuten Zeit und überlegen Sie, ob wirklich Gott die Mitte Ihres Lebens ist oder ob es einen oder mehrere Götzen gibt, die Sie mit Ihrer Zeit und Ihrem Geld verehren.

39. Ein radikales Angebot

Mose ging zum Herrn zurück und sagte: „Ach, dieses Volk
hat eine schwere Sünde begangen! ... Bitte, vergib ihnen!
Wenn du ihnen aber nicht vergeben willst ..."

(2. Mose 32,31-32)

Das Volk ist völlig außer Rand und Band. Was muss getan
werden, damit es zur Besinnung kommt? Mose stellt sich
an den Eingang des Lagers und ruft: „Wer noch zum Herrn
gehört, soll zu mir kommen!" (2. Mose 32,26) Die Leviten
sammeln sich um ihn und Mose gibt ihnen seine Anweisungen. Wir erfahren nicht viel über die Aktion, aber am
Ende sind etwa dreitausend Männer tot. Das spricht sich
herum und die Party ist abrupt vorbei. Mose hat die volle
Aufmerksamkeit der Israeliten.

Er erklärt ihnen: „Ihr habt große Schuld auf euch gela-
den." Und dann kommt etwas Erstaunliches: „Doch ich
will noch einmal zum Herrn auf den Berg steigen; vielleicht
kann ich erreichen, dass er euch vergibt" (V. 30).

Schauen wir genau hin, was Mose hier macht. Haben wir
schon einmal zu Menschen, die sich von Gott abgewandt
haben, gesagt: „Ich will zum Herrn auf den Berg steigen"?
Wir nehmen uns selbst zu ernst und unseren Dienst nicht
ernst genug. Mose begreift die Tiefe der Krise und dass die
einzige Lösung Vergebung heißt.

Aber wie wird Mose diese Vergebung erreichen? Ihm ist
klar, dass für diesen Massenaufstand gegen den Befreier des
Volkes ein Preis zu zahlen ist. Dreitausend Menschen haben bereits mit ihrem Leben bezahlt, aber was ist mit den
übrigen mindestens zwei Millionen? Lässt sich ihre Sünde

mit genügend Tieropfern sühnen? Wohl kaum, findet Mose. Aber was dann? Da kommt ihm eine Idee. Die Idee für eine Lösung, die – vielleicht, hoffentlich – Gottes Wohlgefallen finden und das Volk retten wird.

Ein zitternder Mose kehrt zu Gott zurück und schlägt ihm einen Handel vor. Er sagt ihm sinngemäß: „Herr, das Volk hat eindeutig gesündigt. Bitte vergib ihm. Und wenn du ihm nicht vergeben willst, dann streiche mich aus dem Buch der Menschen, die zu dir gehören!" (vgl. V. 32)

Lesen Sie das noch einmal. Mose tut etwas Unglaubliches. Er bietet sich selbst als Opfer für das Volk an!

Zum Nachdenken:

Wie haben Sie auf den Satz oben reagiert, dass wir uns selbst zu ernst nehmen und unseren Dienst nicht ernst genug?

40. Ein äußerst mutiges Gebet

Ich warf mich vor dem Herrn nieder und betete noch einmal vierzig Tage und Nächte lang ... (5. Mose 9,18)

Mose ist total erschöpft. Jeder, der auch nur ein paar Tage oder eine Woche gefastet hat, kennt das Gefühl. Vierzig Tage ohne Nahrung – Mose ist am Ende seiner Kraft. In diesem Zustand wird er mit dem Abfall der Israeliten von Gott konfrontiert. Wir wissen nicht, wie lange es dauert, bevor er zurück auf den Berg geht, um mit Gott zu sprechen. Wahrscheinlich nicht sehr lange, weil die Sache so dringend ist.

Mose wird förmlich auf den Gipfel gekrochen sein. Als er oben ist, fällt er zu einem leidenschaftlichen Gebet aufs Gesicht. Steine kratzen seine trockene Haut, Haar und Bart sind staubbedeckt. An den Füßen spürt er Skorpione. Seine Lippen sind aufgesprungen. Doch all dies ist Mose egal. Er muss mit Gott reden, ihm einen Vorschlag machen, der nicht warten kann.

Lesen wir, wie er den allmächtigen Jahwe anfleht:

Am Berg Horeb warf ich mich vor dem Herrn auf den Boden und betete vierzig Tage und Nächte lang für euch. Denn er hatte angedroht, euch zu vernichten. Ich flehte ihn an: „Herr, mein Gott, bitte bring dein Volk nicht um! Es gehört doch dir! Du hast es durch deine Macht befreit, mit starker Hand hast du es aus Ägypten herausgeführt. Denk an Abraham, Isaak und Jakob, die dir gedient haben! Rechne diesem Volk seine Widerspenstigkeit, seine Bosheit und seine große Schuld nicht an! Sonst werden die Ägypter behaupten: ‚Der Herr konnte sie nicht in das Land bringen, das er ihnen versprochen hat. Vielleicht hat er sie auch nur aus unserem Land herausgeholt, weil er sie hasste und in der Wüste töten wollte.' Herr, sie sind doch das Volk, das dir gehört! Du hast sie mit großer Macht und mit starker Hand befreit" (5. Mose 9,25-29).

Das ist eine Fürsprache, die es in sich hat. Das ist ernsthaftes Beten! Manche Ausleger vermuten zwar, dass Gott gar nicht vorhatte, die Hebräer auszulöschen, sondern lediglich Mose testen wollte, so ähnlich wie er Abraham mit der Opferung Isaaks testete. Man kann so argumentieren, doch damit nimmt man dieser Szene ihren Sinn. Mose ist überzeugt, dass Gott das Volk auslöschen wird, wenn er nicht für das Volk eintritt.

Mose hatte Gottes Anweisungen zum Opferdienst bereits bekommen. Die Einzelheiten sind im 3. Buch Mose nachzulesen. Da gibt es Sühneopfer für Einzelne und für das ganze Volk. Mose weiß, dass jede Übertretung von Gottes Geboten strafbar ist. Und er weiß: Durch das Sühneopfer wird die Strafe vom Sünder auf das Opfer übertragen, sodass der Sünder die Folgen seiner Tat nicht mehr tragen muss. Mose kennt diese Regeln. Was er wahrscheinlich nicht weiß, ist, dass all diese Opfer letztlich eine Vorbereitung auf den großen Tag sind, an dem das große, endgültige Opfer am Kreuz von Golgatha geschehen würde.

Mose ist auch klar, dass die Sünde des Götzendienstes eine größere Sühne verlangt als die Opferung von Stieren, Ziegen oder Tauben. Aber was soll dieses größere Opfer sein? Mose, der von Gottes Plan, seinen eigenen Sohn zu opfern, noch nichts weiß, kann sich nur eine Lösung vorstellen. Ganz sicher ist er nicht, aber … Was, wenn ich mich selbst opfere? Vielleicht kann ich die Sühne bewirken. Und so betet Mose unfassbar mutig. Es ist ein Gebet, in dem er Christus so ähnlich wird, wie das nur möglich ist. Fort ist der Zorn. Dieser Mose kennt nur noch eines: die Liebe zu den Verlorenen. Er ist buchstäblich bereit, sein Leben zu geben, wenn er damit die Israeliten retten kann.

Es gibt in der ganzen Bibel nur zwei Gebete, die an dieses heranreichen. Das eine ist das Gebet von Jesus in Gethsemane: „Mein Vater, wenn es möglich ist, so bewahre mich vor diesem Leiden! Aber nicht was ich will, sondern was du willst, soll geschehen" (Matthäus 26,39). Das zweite finden wir in Römer 9,3, wo Paulus sich bereit erklärt, Gottes Fluch auf sich zu nehmen, wenn dadurch die Juden gerettet würden.

Was für ein Wagnis, was für ein Glaubensschritt! Mose bietet sich selbst als Sühneopfer für sein Volk an. Er versucht etwas, was 1400 Jahre später Jesus tun wird. Und kurz vor Golgatha sehen wir Mose gemeinsam mit Elia auf dem Berg der Verklärung stehen und mit Jesus über dessen bevorstehenden Opfertod reden. Indem Mose Gottes Pläne nicht als unwiderruflich akzeptiert, sondern für das Volk Fürsprache einlegt, ändert er den Lauf der Geschichte.

Zum Nachdenken:

Wie wirkt Moses Angebot an Gott auf Sie? Können Sie ehrlich sagen, dass Sie bereit wären, die ewige Verlorenheit auf sich zu nehmen, damit andere gerettet werden können?

---

41. Gebet, das die Welt verändert

Aber auch diesmal erhörte er mich. (5. Mose 9,19)

Gott beantwortet Moses Angebot mit einem Gegenvorschlag: „Wer gegen mich gesündigt hat, den lösche ich aus meinem Buch aus" (2. Mose 32,33). Und er lässt eine Seuche unter den Israeliten ausbrechen (die Bibel erspart uns die Einzelheiten). Die Israeliten zahlen einen hohen Preis für ihre Sünde. Doch dank Moses Fürbitte vernichtet Gott das Volk nicht völlig.

Ich (Andrew) habe lange über die Worte in Hebräer 11,26 nachgedacht, wo es heißt, dass Mose „alle Schätze Ägyptens nicht so viel wert waren wie Schimpf und Schande, die er für Christus auf sich nahm". Jesus selbst sagt in Johannes 5,46: „Wenn ihr Mose glaubtet, so glaubtet ihr auch mir; denn er hat von mir geschrieben." Ich glaube, dass er damit eben diese Szene meint, wo Mose, ohne es zu merken, auf Jesus hinweist und zeigt, was wahre Liebe ist. Er war bereit, sein Leben für sein Volk zu geben, so wie Jesus sein Leben gab, um die Welt zu erlösen.

Wenn wir Jünger Christi auch nur halbwegs so beten könnten – die Welt wäre nicht mehr die Gleiche. Ob wir für die Erlösung einzelner Menschen, eines ganzen Volkes oder der ganzen Welt beten: Ein Schlüsselelement in unserer Zwiesprache mit Gott ist unsere Bereitschaft, unser Leben aufzuopfern. Wahrhaft selbstloses Gebet verändert die Welt, weil es ihr die Realität Christi zeigt. Wie sonst sollen die Verlorenen begreifen, wer Christus ist?

Beter reden manchmal davon, „in die Bresche zu treten". Eine Bresche ist eine Lücke in einer Befestigungsmauer, und ein Feind, der die Stadt einnehmen will, wird genau an dieser Schwachstelle angreifen. Es ist gefährlich, in die Bresche zu treten, ja es ist Selbstmord. Aber genau dies tat Mose für sein Volk, damit es gerettet werden konnte. Er trat in die Bresche, bereit, sein Leben zu opfern. Sind auch wir bereit, unsere persönlichen Wünsche und Ideale zurückzustellen und mindestens in diesem Sinn unser Leben aufzugeben, um unsere verlorenen Freunde und Verwandten zu retten? Dies erfordert viel Mut. Wir müssen uns ganz in den Willen Gottes ergeben. Ich glaube, dies ist ein wichtiger Aspekt des Evangeliums.

Moses Beispiel zeigt uns, dass das wichtigste Ziel für einen Christen nicht darin besteht, in den Himmel zu kommen. Wenn es anders wäre, warum waren dann Mose und Paulus bereit, ihren Platz im Himmel aufzugeben, um ihr Volk zu retten? So groß war die Leidenschaft, die in Moses Herzen brannte, dass er buchstäblich bereit war, sein Leben zu opfern, falls er damit Vergebung für sein Volk erwirken konnte. (Natürlich hätte sein Opfer nie und nimmer gereicht; nur ein vollkommenes Opfer konnte die Erlösung erwirken.)

Aber vergessen wir über all dem Aaron nicht. Auf den ersten Blick scheint er ungeschoren davonzukommen, doch das stimmt nicht. In 5. Mose 9,20 sagt Mose, Gott sei so zornig auf Aaron, dass er ihn töten wolle. Und so betet Mose auch für Aaron.

Wie sehr lieben wir die Verlorenen (ob in Familie, Freundschaft oder den Völkern) wirklich? So sehr, dass wir bereit sind, unser Leben für ihre Erlösung zu opfern? So sehr liebt Jesus uns!

Zum Nachdenken:

Gibt es einen Menschen oder eine Gruppe von Menschen, die Sie kennen und lieben und die noch nicht erlöst sind? Wie beten Sie für sie? Nehmen Sie sich ein Beispiel an Mose.

42. Eine vertiefte Beziehung

Und nun geh wieder! Führe das Volk in das Land, von dem ich gesprochen habe! Mein Engel wird vor dir hergehen.

(2. Mose 32,34)

Ja, zieht nur in das Land, in dem Milch und Honig fließen! Ich aber werde nicht mit euch kommen …

(2. Mose 33,3)

Moses Verhalten – vor allem, dass er sich selbst als Sühneopfer für die Hebräer anbietet – führt ihn in eine neue Tiefe seiner Beziehung zu Gott. In den nächsten zwei Kapiteln des 2. Buches Mose spricht Mose noch kühnere Gebete und gewinnt noch tiefere Einblicke in den Glauben, wie man sie selbst bei so großen alttestamentlichen Zeugen wie Abraham, David, Salomo, Jesaja und Jeremia vergeblich sucht. Diese Begegnungen eines einzelnen mutigen Mannes mit Jahwe sind atemberaubend und können uns Mut machen, selbst ganz neu vor Gott zu treten.

Beginnen wir mit Gottes Wort an Mose nach dessen Angebot, für die Schuld des Volkes geradezustehen. Gott antwortet mit einem Auftrag, der sinngemäß lautet: „Mose, führe dieses Volk in das verheißene Land. Ich kann nicht selbst mit dir gehen, aber keine Angst, ich sende einen Engel, der dich führen wird."

Das klingt zunächst einmal vernünftig. Wie sein Volk ihn mit dem Goldenen Kalb brüskiert hat, sitzt Gott sozusagen in den Knochen. Er wird diese Menschen mit einer Seuche schlagen, aber er erhört Mose und lässt das Volk nicht untergehen. Doch er hat kein Interesse daran, diesem undankbaren, zänkischen, kleinkarierten und halsstarrigen Volk nahe zu sein. Sein Grund: Er könnte es sich wieder anders überlegen und es doch noch vernichten (2. Mose 33,5).

Und jetzt wird es spannend in dieser turbulenten Beziehung. Es beginnt damit, dass das Volk endlich aufwacht. Wir wissen nicht, wie lange dies anhalten wird, aber als Mose den Israeliten Gottes Worte ausrichtet, sind die Trauer und Reue echt, was man unter anderem daran sieht, dass sie ihren Schmuck ablegen, um ihn erst wieder in Kanaan anzulegen.

Eine Erweckung also. Mose muss diese Entwicklung gefallen haben, aber er ist nicht zufrieden. Sein Hauptanliegen ist Gottes Gegenwart. Er sagt zu Gott: „Wenn du nicht mit uns gehst, dann ziehen wir nicht weiter. Wie sollen die Völker um uns herum Jahwe erkennen, wenn er sein Volk im Stich lässt?" (vgl. V. 15-16) Es ist die Gegenwart Gottes, die Mose und das Volk von allen anderen Völkern und Stämmen der Erde unterscheidet.

Moses Kühnheit gegenüber Gott ist bemerkenswert. Wir brauchen heute mehr von dieser Kühnheit. Zu viele wollen gerne Gottes Segen haben, aber nicht seine Gegenwart. Sie wollen sein wunderbares Eingreifen und sein tägliches Manna (und gerne etwas Fleisch dazu), und wenn Gott diese Gebete erhört, sind sie zufrieden. Nicht so Mose. Er will nicht nur Gottes Fürsorge, er will seine Gegenwart.

Das große Elend heute ist, dass es wahrscheinlich viele Kirchen und christliche Werke gibt, aus denen Gott ausgezogen ist, und keiner vermisst ihn. Darum bin ich (Andrew) dagegen, ein Kirchengebäude „Haus Gottes" zu nennen. Als das Heiligtum (Luther: „Stiftshütte") vollendet war, zog die Herrlichkeit Gottes hinein (2. Mose 40,35). Als der Tempel in Jerusalem eingeweiht wurde, kam die Schechina (die Gegenwart Gottes) herab und erfüllte das Allerheiligste. Als Israel später im Götzendienst versank, verließ diese sichtbare Gegenwart den Tempel wieder (vgl. Hesekiel 11,22-24), aber die Menschen gingen trotzdem weiter in den Tempel, und der religiöse Betrieb wurde fortgesetzt. Als Jesus kam, war es bereits Jahrhunderte her, dass Gott den Tempel verlassen hatte. Jetzt war Gott als Mensch gegenwärtig – und die Menschen töteten ihn.

Es ist so einfach, „Gottes Werk" ohne Gottes Gegenwart zu tun. Mose hütet sich, diesen Fehler zu begehen. Die Gemeinschaft mit dem allmächtigen Jahwe ist nicht das i-Tüpfelchen, sie ist das Fundament. Für Mose sind die Termine mit Gott die wichtigsten seines Lebens. Nur deswegen kann er seinen Exodus-Auftrag ausführen.

Zum Nachdenken:

Wie wichtig ist Ihnen die private Zwiesprache mit Gott? Haben Sie sie in Ihren Tagesablauf eingebaut? Gehen Sie sonntags zum Gottesdienst, um Gott in der Kirche zu begegnen, oder gehen Sie gemeinsam mit ihm durch die Woche und feiern am Sonntag die Gemeinschaft mit ihm und anderen Gleichgesinnten?

43. Von Angesicht zu Angesicht mit dem Allmächtigen

Der Herr sprach mit Mose von Angesicht zu Angesicht, wie Freunde miteinander reden. (2. Mose 33,11)

Mose hatte einen besonderen Ort für seine Termine mit Gott. Es war ein Zelt, das er außerhalb des Lagers aufschlug. Er nannte es das „Zelt der Begegnung". Hier besprach er alles mit Gott, so wie wir Menschen uns bei einer Tasse Kaffee unterhalten.

Jeder konnte dieses Zelt sehen und wie die Wolkensäule (die Schechina, die sichtbare Herrlichkeit Gottes) auf es herabkam. Viele im Lager schauten dabei zu. Einige gingen sogar zum Zelt, um selbst Gott zu suchen. Und ein Mann wohnte regelrecht darin: Moses Diener Josua verließ das Zelt nie.

Heute weiß außer den anderen Gottesdienstbesuchern womöglich niemand, dass wir zur Kirche gehen. Früher erkannte man in manchen Gegenden die Kirchgänger an den großen schwarzen Bibeln, die sie dabei hatten. Heute verstecken wir die Bibel in der Manteltasche oder haben sie auf dem Smartphone gespeichert. Nun ja, wir müssen es ja nicht hinausposaunen, dass wir zur Kirche gehen, aber auch nicht verstecken.

Im Gebet werden wir alle gleich, denn es gibt jedem von uns den gleichen Zugang zu Gott. Egal, wie erfahren, intelligent, reich oder gebildet wir sind, egal, wie unser Status oder Familienstand ist, wir alle haben dasselbe Recht, Gott zu begegnen, das die „großen Männer und Frauen Gottes" in der Geschichte der Menschheit hatten. Wie Mose können auch wir von Angesicht zu Angesicht mit Gott sprechen. Wenn wir Gottes Freunde sind, bekommen unsere Gebete eine ungeahnte Macht.

Das wussten die Apostel und Propheten. Jeder „Glaubensheld" in der Geschichte war nur so groß wie seine Freundschaft mit Gott. Wie der Apostel Paulus an die Gemeinde in Philippi schrieb:

„Denn das ist mir klar geworden: Gegenüber dem unvergleichlichen Gewinn, dass Jesus Christus mein Herr ist, hat alles andere seinen Wert verloren. Ja, alles andere ist für mich nur noch Dreck, wenn ich bloß Christus habe … Um Christus allein geht es mir. Ihn will ich immer besser kennenlernen und die Kraft seiner Auferstehung erfahren, aber auch seine Leiden möchte ich mit ihm teilen und seinen Tod mit ihm sterben" (Philipper 3,8+10).

Was für ein Bekenntnis! Paulus war bereit, alles aufzugeben, was er hatte, sogar sein Leben, um Jesus zu haben und kennenzulernen. Das war ihm das Wichtigste. Das ist echte Freundschaft. Auch für Mose war es das Wichtigste. Es ist Gott das Wichtigste; er will, dass wir ihn kennenlernen! Und das Ergebnis? Weil Mose Gott kannte, wurden die Israeliten gerettet, verlief ihre Geschichte anders. Die Folgen von Moses Gottesbeziehung sind bis heute spürbar.

Wir können nicht genug betonen, dass Gott diese Art Beziehung nicht für die „Superfrommen" reserviert hat oder für die mit besonderen Gaben. Er möchte zu uns kommen, für uns erfahrbar werden, und er hat alles auch nur Erdenkliche getan, um dies möglich zu machen.

Wussten Sie schon, dass alle nicht christlichen Religionen Götter haben, denen der Mensch sich nahen muss? Unser

Gott ist der einzige Gott, der seinen Menschen entgegen-kommt und sie sucht. Es war Gott, der die Beziehung mit Mose begann. Unser Gott sucht beharrlich eine tiefe Gemeinschaft mit uns. Wir brauchen seine Einladung nur an-zunehmen, wie damals Mose. Auf Gottes Initiative hin ging Mose daran, Gott immer besser und tiefer kennenzulernen. Schauen Sie sich nur seine Gebete an – und dann folgen Sie seinem Beispiel.

Zum Nachdenken:

Was begeistert Sie an der Vorstellung, eine engere Beziehung zu Gott zu bekommen? Was lässt Sie zögern?

44. Eine kühne Bitte

Wenn du nun wirklich mit mir bist, dann lass mich deine Pläne erkennen! (2. Mose 33,13)

Er weihte Mose in seine Pläne ein ... (Psalm 103,7)

Wie nahe kann man Gott kommen? Das weiß man erst, wenn man es versucht hat. Jedes Gebet des Mose, jede Begegnung mit Jahwe führt ihn in größere geistliche Tiefen.

Einerseits können wir den, der unendlich ist, der über der Schöpfung und der Zeit steht, dessen Kraft das Universum ins Dasein rief, der den Anfang und das Ende unserer Geschichte längst kennt, nie wirklich begreifen. Doch andererseits zeigt uns Mose, dass es möglich ist, Gott immer noch näher zu kommen, als wir gerade sind. Gott scheint es zu mögen, wenn jemand versucht, ihn besser kennenzulernen. „Näher, mein Gott zu dir", wie es in einem Lied heißt – doch, es ist möglich. Die Frage ist nur, ob wir das wollen.

Mose hatte gewaltige Dinge mit Gott erlebt. Es begann mit dem brennenden Busch, es ging weiter mit der Konfrontation mit dem Pharao und den zehn Plagen, dann mit dem wunderbaren Durchzug durch das Meer und dem Untergang der Armee des Pharaos sowie mit der Speise und dem Wasser, die Gott dem Volk in der Wüste schenkte. Gibt es jemanden, der mehr Wunder erlebt hat als Mose?

Aber Mose wollte nicht nur die Wunder, die Hilfe, die Erfahrungen mit Gott. Er wollte Gott selbst kennenlernen – sein Denken, seine Motive, wie Gott ist. Er wollte wissen, warum Gott sich mit ihm und diesem halsstarrigen Volk abgab. Seine Einstellung war radikal. Mose war nicht damit zufrieden, Gottes Handeln zu beobachten, er wollte seine Pläne kennen. Er wollte Antworten auf solche Fragen wie: Auf welcher Grundlage vergibt Gott Sünde? Warum erwählt Gott bestimmte Menschen als sein Werkzeug? Wie kann Gott mit mir noch einmal neu anfangen? Und noch viele andere Fragen.

Es ist ein großer Unterschied, ob ich Gottes Taten oder seine Pläne kenne. In Psalm 103,7 heißt es: „Er weihte Mose in seine Pläne ein und zeigte allen Israeliten, dass er gewaltige Taten vollbringen kann." Die Hebräer waren mit ein paar Wundern zufrieden. Wenn ihre Haut gerettet und ihr Magen gefüllt war, waren sie zufrieden; mehr von Gott brauchten sie nicht. Mose brauchte mehr – viel mehr. Er wollte den Gott hinter den Taten kennenlernen.

Warum war Mose hier so beharrlich? In 2. Mose 33,13 zeigt er es uns: „... lass mich doch deine Wege erkennen, sodass ich dich erkenne, damit ich Gunst finde in deinen Augen ..." Er hatte einen Vorgeschmack bekommen. Er hatte die Zornesfalten in Gottes Gesicht geglättet. Er hatte mit Gott gesprochen wie mit einem Freund. Das war toll. Aber er wollte noch mehr! Ich möchte sehen, wie gut ich Gott kennenlernen kann ...

Darum widersprach er Gott, als dieser redete. Gott, nach deinem Wort müsstest du das Volk eigentlich vernichten. Aber ich habe die Steintafeln mit deinem Wort zerschmettert. Läuft das so, Herr? Gott, du hast versprochen, das Volk in das Verheißene Land zu führen, und jetzt sagst du mir, du willst nicht mitgehen. Wenn du nicht mitgehst, dann gehe ich auch nicht.

Und so weiter und so fort. Gott gefiel das. Das ist die

Art Freundschaft, die Gott sich wünscht. Er will, dass nicht nur Mose ihn kennenlernt, ihn liebt und eine tiefe und echte Beziehung zu ihm bekommt, sondern ganz Israel, ja wir alle, die wir heute leben. Und so erwidert er Mose, als dieser sagt, dass er ohne ihn nicht ins Gelobte Land ziehen will: „Auch diesen Wunsch … will ich erfüllen, denn ich habe dich gnädig angenommen" (2. Mose 33,17).

Zum Nachdenken:

Wie wichtig ist es Ihnen, Gott kennenzulernen? Was sind Sie bereit, an Zeit und Kraft zu investieren, um seine Pläne zu erkennen?

---

45. Eine noch kühnere Bitte

Mose bat: „Lass mich dich in deiner Herrlichkeit sehen!"
(2. Mose 33,18)

Mose hat noch eine Bitte. Sie führt zu überaus bedeutungs-
vollen Versen in der Bibel. Schauen wir uns diese Bitte einen
Augenblick lang an: „Herr, lass mich dich in deiner Herrlichkeit sehen."

Haben Sie jemals so etwas zu Gott gesagt? In der durch-
schnittlichen Gebetsversammlung hört man es jedenfalls
nicht. Für die meisten scheint „Gott kennen" damit aufzu-
hören, dass sie Jesus als ihren Erlöser annehmen. Aber in 80
bis 90 Prozent der Fälle ändert die Tatsache, dass jemand
„Jesus annimmt", wenig oder nichts an seinem Leben.
„Kennst du Jesus?" – „Na, klar." Dies sind oft bloße Phra-
sen. Diese Sicht von der Erlösung ist billig und der Grund
dafür, wenn wir wenig in der Welt ausrichten.

Denken Sie an den Eifer von Menschen, die von einem
Ideal gepackt sind. Wenn eine Gruppe von Menschen anfängt, für etwas (wie dumm es auch sei) auf die Straßen
zu gehen, ist der Erfolg fast garantiert. Die Hippies der
1970er-Jahre hatten diesen Eifer – und verhalfen einer se-
xuellen Revolution zum Durchbruch. Vor Kurzem brachten Millionen Menschen in Kairo und anderen ägyptischen
Städten nacheinander zwei Regime zu Fall. Anschließend
entstand in der Türkei wegen des Gezi-Parks in Istanbul
eine Protestbewegung. Der Mut und der Eifer dieser Menschen waren bewundernswert. Wir denken hier vor allem
an einen türkischen Demonstranten, einen Künstler. Nachdem eine Demonstration verboten worden war, ging er auf

den Taksim-Platz in Istanbul, stellte sich vor einer Statue von Atatürk auf (dem Gründer der modernen Türkei) und tat – nichts, außer dass er geschlagene sechs Stunden die Statue anstarrte. Bald gesellten sich andere zu ihm. Sie hatten seine Botschaft begriffen: Die Türkei hatte die Vision ihres Gründers verloren. Bald stand eine Riesenmenge um die Statue herum und die Polizei kam und zerstreute sie. Aber die Menschen kamen wieder; sie hatten begriffen.

Als ich (Andrew) ein junger Mann war, gingen wir von unserer Gemeinde aus auf den Marktplatz unserer Stadt, um zu predigen und von Jesus zu singen. Plötzlich begann auf der anderen Seite des Platzes ein Feuerwerk. Im Nu waren wir unsere sämtlichen Zuhörer los; sie fanden eine bunte, laute Show interessanter als eine Begegnung mit Gott, die ihr Leben verändern konnte. Vielleicht ist das der Grund dafür, dass evangelistische Gottesdienste und Heilungsgottesdienste oft viele Menschen anziehen. Das Leben der Menschen wirklich verändern tun sie leider offenbar selten.

Die Klage Gottes über die Gemeinde in Ephesus gilt auch heute. Wir haben die erste Liebe verloren (Offenbarung 2,4). Wer betet noch wie Mose: „Gott, lehre uns deine Wege, zeige uns deine Herrlichkeit"? Die beiden Bitten sind miteinander verbunden und die zweite geht noch tiefer als die erste. Mose hatte die „Herrlichkeit" Ägyptens gesehen, mit seinen Tempeln und Göttern. Dann hatte er die wunderbare Macht Gottes erlebt – seine großen Taten. Er hatte sogar Gottes Namen erfahren und mit ihm geredet. Aber er hatte Gott noch nicht in seiner gewaltigen Herrlichkeit gesehen. Mose kannte sich aus mit der Herrlichkeit des Pharaonenpalastes, des „Gottes" von Ägypten. Wenn Jahwe diesen Pharao so vernichtend geschlagen hatte, dann musste seine Herrlichkeit ja noch unendlich viel größer sein. Und daher Moses Bitte, diese Herrlichkeit sehen zu dürfen.

Gottes Antwort lautet „Nein". Den Anblick seiner Herrlichkeit würde kein Mensch überleben. Aber er macht Mose ein anderes Angebot: „Ich will an dir vorüberziehen, damit du sehen kannst, wie gütig und barmherzig ich bin. Meinen eigenen Namen ‚der Herr' werde ich vor dir aussprechen" (2. Mose 33,19). Dies ist ein gewaltiger Schritt nach vorne auf Moses Weg zur ganzen Gotteserkenntnis.

Überlegen Sie sich gut, was Sie von Gott erbitten. Moses Bitte ist nicht eine, die man „mal eben so" aussprechen kann. Sie ist gefährlich. Und atemberaubend.

Zum Nachdenken:

Geben Sie sich damit zufrieden, Gottes Handeln zu beobachten, oder möchten Sie auch seine Pläne kennenlernen? Und möchten Sie im Ernst seine Herrlichkeit sehen? Wie weit sind Sie bereit zu gehen, um Gott tiefer kennenzulernen?

46. Ein unstillbares Verlangen

„Ich will an dir vorüberziehen, damit du sehen kannst, wie gütig und barmherzig ich bin. Meinen eigenen Namen ‚der Herr‘ werde ich vor dir aussprechen.“ (2. Mose 33,19)

Mose wollte Gottes Pläne erkennen und seine Herrlichkeit sehen. Gut, Gott befahl ihm, zwei Steintafeln anzufertigen, auf die er erneut seine Gebote schreiben konnte. Das Meißeln der Tafeln musste mühsam gewesen sein; wahrscheinlich half es Mose, seine Wut auf Aaron und das Volk loszuwerden. Dann musste er zurück auf den Sinai steigen. Er ging allein, noch nicht einmal Josua durfte ihn begleiten. Was Mose jetzt sehen und hören würde, blieb zwischen ihm und Gott.

Mose wird das Herz geklopft haben, als er den Berg hinaufstieg. Er musste sich an eine bestimmte Stelle in den Felsen stellen; dort würde Gottes Herrlichkeit an ihm vorüberziehen. Aber Gott sehen würde er nicht. Gott würde ihn in eine Felsspalte stellen und mit seiner Hand bedecken, bis er vorübergegangen wäre. Dann würde er seine Hand zurückziehen und Mose würde nur Gottes Rücken sehen.

Sehen Sie, wie gefährlich das war? Wissen wir eigentlich, was wir tun, wenn wir singen: „Stern, auf den ich schaue, Fels, auf dem ich steh‘“? Dies war kein netter Ausflugsfelsen, komplett mit Kiosk und Geländer. Dieser Fels konnte gefährlich werden. Bei Mose war er so gefährlich, dass Gott ihn extra schützen musste. Aber Mose sehnte sich nach dieser Begegnung, obwohl Gott ihm gesagt hatte: „Kein Mensch, der mich gesehen hat, bleibt am Leben“ (2. Mose 33,20).

Wir lieben unsere netten kleinen, frommen Klischees. Mose ist Welten entfernt von frommen Sprüchen über Gott und Lobpreisliedern, die nur aus Wiederholungen bestehen. Er ist entschlossen, Gott kennenzulernen. Dieses Erlebnis hat ihn verwandelt – und die anderen erschreckt, denn als er ins Lager der Israeliten zurückkehrte, leuchtete sein Gesicht buchstäblich von der Begegnung mit Gott so, dass Aaron und das Volk Angst hatten, in seine Nähe zu kommen (vgl. 2. Mose 34,29-30).

Merken es die anderen, wenn wir in Gottes Gegenwart waren? Sicher, wir sollen in unserem stillen Kämmerlein beten und nie mit unserem geistlichen Leben prahlen. Aber unsere Begegnungen mit Gott sollten uns sichtbar verändern. Unsere Mitmenschen sollten merken, dass wir irgendwie anders geworden sind – weil wir Gott begegnet sind.

Achtung, aufgepasst: Als Gott Mose versprach, dass er an ihm vorüberziehen und seinen Namen aussprechen werde, sagte er: „Ich erweise meine Güte, wem ich will. Und über wen ich mich erbarmen will, über den werde ich mich erbarmen" (2. Mose 33,19b). Dies war und bleibt Gottes Sache. Wir können ihn nicht manipulieren. Wir können mit ihm reden und sogar streiten, aber wir haben keine Ansprüche an ihn. Doch wenn wir seine Nähe suchen, dann kommt er zu uns und offenbart sich und andere werden durch unsere Begegnung mit ihm gesegnet.

So war es auch bei Mose. Er bekam die größte aller Offenbarungen und wir sind die Nutznießer seines radikalen Wunsches, Gott kennenzulernen.

Zum Nachdenken:

Was haben Sie unternommen, um Gott kennenzulernen? Was haben Sie dadurch entdeckt? Merken Ihre Mitmenschen, dass Gott Ihr Leben verändert? Woran merken sie es?

47. Entscheidende Verse in der Bibel

Und der Herr ging vor seinem Angesicht vorüber und rief:
Jahwe, Jahwe, Gott …   (2. Mose 34,6)

Mose konnte Gott nicht sehen, aber hören. Die Worte haben sich in sein Gedächtnis eingebrannt, so mächtig, enthüllend, ja revolutionär waren sie. Ich bin der Meinung, dass diese Worte, die Mose da hörte, vielleicht die wichtigsten in der ganzen Bibel sind.

Natürlich ist die ganze Bibel von Gott inspiriert. Jeder Vers ist wichtig und jedes Buch der Bibel kann uns lehren, ermahnen, ermutigen, inspirieren, korrigieren und trösten. Aber wir haben unsere Lieblingsverse. Viele halten Johannes 3,16 für die wichtigste Bibelstelle: „Denn so sehr hat Gott die Menschen geliebt, dass er seinen einzigen Sohn für sie hergab …" Und dieser Vers ist auch wichtig, aber die Liebe, von der er spricht, wird in Gottes Offenbarung an Mose in 2. Mose 34,6-7 überhaupt erst definiert.

Es ist interessant, dass Gott in seiner Antwort auf Moses Gebet sagt, dass er seinen Namen vor ihm ausrufen wird. Am brennenden Dornbusch hatte er seinen Namen als „Jahwe" offenbart, was unsere Bibeln meist mit „Herr" wiedergeben. „Jahwe" bedeutet wörtlich „Ich bin". Aber „ich bin" was? 2. Mose 34,6-7 zeigt es uns:

Und der Herr ging vor seinem Angesicht vorüber und rief: Jahwe, Jahwe, (ich bin, ich bin) Gott, barmherzig und gnädig, langsam zum Zorn und reich an Gnade und Treue, der Gnade bewahrt an Tausenden von Generationen, der Schuld, Vergehen und Sünde vergibt, aber keineswegs ungestraft lässt, sondern die Schuld der Väter heimsucht an den Kindern und Kindeskindern, an der dritten und vierten Generation.

Was macht man mit einer solchen Offenbarung? Es gibt nur eine richtige Reaktion und Mose zeigt sie uns. Er wirft sich sofort zu Boden und betet Gott an.

Bis zu diesem Augenblick hatten die Menschen sehr wenig über Gott gewusst. Seit der Zeit der Erzväter Abraham, Isaak und Jakob hatte sich hier nicht viel getan. Die Hebräer wussten, dass es ihn gab, und in den letzten Monaten hatten sie seine Macht erfahren. Doch jetzt, in diesen Versen, öffnet sich die Tür des Himmels weit. Sie zeigen uns, wie Gott ist. Alles, was wir ab jetzt über Gott lernen werden, entspringt aus dieser Offenbarung und deckt alle erdenklichen Situationen und Nöte ab.

Wir dürfen dabei nicht das Ende von Vers 7 übersehen: „…aber keineswegs ungestraft lässt, sondern die Schuld der Väter heimsucht an den Kindern und Kindeskindern, an der dritten und vierten Generation". Wir sollten den Preis der Sünde nie übersehen. Gott sagt klipp und klar, dass er die Taten der Sünder nicht einfach vergessen kann. Sie haben Konsequenzen. Aber das ist nicht das letzte Wort!

Dass Sünde bestraft werden muss, versteht wohl jeder. Doch im gleichen Atemzug sagt Gott, dass er Schuld, Rebellion und Sünde vergibt. Wie kann das beides stimmen? Lesen wir dazu, was David in Psalm 103,10 sagt: „Er bestraft uns nicht, wie wir es verdienen; unsere Sünden und Verfehlungen zahlt er uns nicht heim." Beachten wir hier das „uns"! Gott hat nicht uns für unsere Sünden bestraft, sondern jemand anderes!

Gott nimmt Sünde nicht auf die leichte Schulter. Jesus musste für unsere Sünden sterben (vgl. Römer 4,25). Nicht wir mussten ans Kreuz, sondern er. Als wir noch Gottes Feinde waren, hat er uns durch den Tod seines Sohnes mit sich versöhnt (Römer 5,10). Einst waren wir seine Feinde, jetzt sind wir versöhnt.

2. Mose 34,6-7 ist eine absolute Schlüsseloffenbarung Gottes, und Mose ist ihr idealer Empfänger, weil er, als er sich selbst als Sühneopfer für Israel anbot, etwas vom Geist Christi bekam. Darum glauben wir, dass 2. Mose 34,6-7 sozusagen das Fundament für Johannes 3,16 ist. Wie zeigt uns Gott seine beharrliche Liebe? Indem er das Problem unserer Sünde angeht und seinen einzigen Sohn als vollkommenes Sühneopfer darbringt, damit wir nicht verloren gehen. Darum kann er „Schuld, Vergehen und Sünde" vergeben.

Diese Verse aus 2. Mose 34 haben alle großen Propheten Israels tief geprägt. Schon bald nach dem Aufbruch vom Sinai greift Mose auf diese Selbstbeschreibung Gottes zurück, als er erneut für sein Volk eintritt. Diesmal geht es um den Bericht der zwölf Kundschafter, die Mose nach Kanaan geschickt hat. Die Israeliten halten es mit der Mehrheit der Kundschafter (zehn gegen zwei) und beschließen, das Land nicht zu erobern, sondern lieber nach Ägypten zurückzugehen. Wieder entbrennt Gottes Zorn gegen sie und er beschließt, mit ihnen Schluss zu machen und stattdessen Mose zum Vater eines neuen Volkes zu machen (4. Mose 14,12).

Kommt Ihnen das bekannt vor? Wieder protestiert Mose. Er hält Gott vor: „Du hast gesagt: ‚Meine Geduld ist groß und meine Liebe kennt kein Ende. Ja, ich vergebe die Schuld …' Herr, weil deine Liebe so groß ist, bitte ich dich: Vergib diesem Volk, wie du es auf dem ganzen Weg von Ägypten bis hierher immer wieder getan hast" (4. Mose 14,17-19).

Wieder erhört Gott Moses Gebet. Er schwört zwar, dass all die, die nicht nach Kanaan wollten, nicht ins Land hineinkommen, sondern in der Wüste sterben werden. Aber Mose kann ein viel größeres Unheil abwenden, weil er Gott seine Verheißung vorhält, die er ihm auf dem Sinai geoffenbart hat.

Zum Nachdenken:

Was kann anders werden in Ihrem Gebetsleben, wenn Sie an 2. Mose 34,6-7 denken?

---

48. Zeugen gesucht

Er zog an Mose vorüber und rief: „Ich bin der Herr, der barmherzige und gnädige Gott. Meine Geduld ist groß, meine Liebe und Treue kennen kein Ende! Ich lasse Menschen meine Liebe erfahren über Tausende von Generationen. Ich vergebe die Schuld und die Bosheit derer, die sich gegen mich aufgelehnt haben ...“ (2. Mose 34,6-7)

Diese Selbstoffenbarung Gottes durchzieht das ganze Alte Testament. Jona wollte nicht in Ninive predigen, weil er wusste: „Du bist ein gnädiger und barmherziger Gott. Deine Geduld ist groß, deine Liebe kennt kein Ende“ (Jona 4,2).

Der Prophet Joel beschwor seine Landsleute: „Kommt zurück zum Herrn, eurem Gott, denn er ist gnädig und barmherzig, seine Geduld ist groß und seine Liebe grenzenlos“ (Joel 2,13). Und Jeremia geht, nachdem er auf Gottes Geheiß einen Acker gekauft hat, ins Gebet und sagt dabei: „Die Söhne strafst du für die Schuld ihrer Väter, aber deine Güte erweist du an Tausenden von Generationen“ (Jeremia 32,18).

Die Psalmisten benutzen diese Worte in ihren Gebeten. So lesen wir in Psalm 86,15-16: „Aber du bist ein gnädiger und barmherziger Gott. Deine Geduld ist groß, deine Liebe und Treue kennen kein Ende. Darum wende dich mir zu und hab Erbarmen!“ Und in Psalm 103,8-10 singt David: „Barmherzig und gnädig ist der Herr, groß ist seine Geduld und grenzenlos seine Liebe! Er beschuldigt uns nicht endlos und bleibt nicht immer zornig. Er bestraft uns nicht, wie wir es verdienen; unsere Sünden und Verfehlungen zahlt er uns nicht heim.“

Die Offenbarung Gottes in 2. Mose 34,6-7 ist das Höchste, was wir von Gott wissen können. Das Alte Testament wiederholt die dort ausgedrückte Wahrheit etliche Male, das Neue Testament führt sie weiter aus. Wie Gott ist, wird uns im Leben von Jesus klarer und wir erkennen: Die Offenbarung der Gnade, Liebe und Barmherzigkeit Gottes hört nicht auf und wir werden die ganze Tiefe dieser Liebe nie ausloten können.

Vor ein paar Jahren führte ich (Andrew) einen Briefwechsel mit einem muslimischen Journalisten und Politiker, den ich in Pakistan kennengelernt hatte. Unsere ersten Briefe kreuzten sich. Ich weiß nicht mehr, wie ich diesen Mann in meinem ersten Brief anredete – ob mit „Sehr geehrter Herr Soundso" oder „Lieber Freund" oder was auch immer. Sein Brief begann mit: „Im Namen Allahs, des Erbarmers, des Barmherzigen!" Diese Worte stehen über jeder Sure im Koran, und bislang hat jede Rede, die ich von einem Muslim gehört habe, mit diesem Bekenntnis begonnen.

Die Worte machten mich nachdenklich. Dieser Mann nutzte seinen Brief als Gelegenheit, Zeugnis für seinen Glauben und seinen Gott abzulegen. Wie konnte ich für meinen Gott Zeugnis ablegen? Wie konnten meine Briefe den Gott der Bibel verkündigen? Dann kam mir 2. Mose 34,6-7 in den Sinn und ich begann meinen nächsten Brief an diesen Mann so: „Im Namen des Herrn, der ein barmherziger und gnädiger Gott ist, langsam zum Zorn und reich an Liebe und Treue, der Gnade bewahrt an Tausenden von Generationen, der Schuld, Vergehen und Sünde vergibt." Seitdem benutze ich diese Einleitung jedes Mal, wenn ich mich an muslimische Persönlichkeiten wende.

Was Gott damals zu Mose gesagt hat, kann uns anspornen. Das ist der Gott, zu dem wir beten. Das ist der Gott, der sich in Jesus offenbart hat. Der Sohn Gottes hat uns gezeigt, was es heißt, gnädig und barmherzig zu sein. Jesus war langsam zum Zorn. Er war reich an Liebe und Treue, bis hin zum Tod am Kreuz, damit wir die Vergebung all unserer Schuld, Vergehen und Sünde bekämen.

Das ist der Gott, dessen Zeugen wir in dieser Welt sein sollen.

Zum Nachdenken:

In 2. Mose 34,6-7 zeigt Ihnen Gott, wie er ist. Was bedeutet das für Ihr Glaubenszeugnis gegenüber anderen Menschen?

---

49. Ein Ende in Moll

Der Herr sprach zu Mose: „Dies ist das Land, das ich Abraham, Isaak und Jakob für ihre Nachkommen versprochen habe. Du wirst nicht hineingehen ..."   (5. Mose 34,4)

Viele Bibelleser finden, dass Mose am Ende seines Lebens zu kurz kam. Er durfte das Land der Verheißung nicht betreten, sondern lediglich vom Berg Nebo am Ostufer des Jordans aus sehen. Und das nur wegen eines „kleinen Missverständnisses".

Während der langen Wüstenwanderung hatten die Hebräer wieder einmal kein Wasser gehabt. Es war nicht das erste Mal und bisher hatte Gott ihnen noch immer geholfen. Doch das Gedächtnis der Israeliten war kurz und sie ließen ihren Frust an Mose aus. Es waren hässliche Worte, nachzulesen in 4. Mose 20,2-5.

Was hatte Mose sich nicht schon alles bieten lassen müssen? Wir können uns vorstellen, wie er zu Aaron sagte: „Wie lange soll ich mir diesen Unsinn noch anhören?" (Falls er statt „Unsinn" etwas Deftigeres sagte – wer wollte ihm böse sein?) Doch die beiden Brüder taten das Richtige: Sie gingen ins heilige Zelt und wandten sich an Gott. Und Gottes Herrlichkeit erschien ihnen. Gott verstand sie vollkommen, sie brauchten kein Wort zu sagen.

Gottes Instruktionen lauteten dann so: „Nimm deinen Stab! Ruf ... das Volk vor dem Felsen dort zusammen! *Sprecht laut zu dem Stein,* sodass alle es hören!" (4. Mose 20,8; Hervorhebung von uns)

Und Mose nahm den Stab und versammelte die Israeliten vor dem Felsen. So weit, so gut. Aber Mose hatte seine

Wut nicht ganz unter die Füße gekriegt. Man sollte meinen, dass er nach so vielen Jahren gelernt hätte, seine Gefühle zu zügeln. Aber diese Menschen brachten ihn schier zur Weißglut. Vielleicht wäre es besser gewesen, wenn er sich zuerst mit Aaron besprochen hätte. Stattdessen schrie er die Israeliten an: „Passt gut auf, ihr widerspenstigen Menschen! Sollen wir euch Wasser aus diesem Felsen holen?" (V. 10) Mose, pass auf …

Jahre zuvor hatte Mose bei Refidim eine ähnliche Krise erlebt. Auch damals hatte es kein Wasser gegeben und das Volk hatte Mose die Schuld gegeben. Damals hatte Gott ihm befohlen, mit seinem Stab an einen Felsen zu schlagen, und Mose hatte die Anweisung genauestens befolgt (siehe 2. Mose 17,1-7). Und jetzt haben wir die gleiche Situation, also muss doch das, was damals gewirkt hat, wieder funktionieren. Falsch. Gott gibt uns keine Patentrezepte, sonst würden wir diesen Rezepten vertrauen und nicht ihm.

Diesmal befahl Gott Mose nicht, mit dem Stab (dem Symbol der ihm von Gott gegebenen Vollmacht) an den Felsen zu schlagen, sondern den Stab in die Hand zu nehmen und zu dem Felsen zu sprechen. Aber wenn man wütend ist, kann man manchmal nicht klar denken. Mose sagte den Israeliten, dass er und Aaron gleich Wasser aus dem Felsen holen würden. Nein, Mose, Gott vollbringt die Wunder, nicht du oder Aaron! Und Mose schlug zweimal mit seinem Stab an den Felsen, wie damals in Refidim, und das Wasser strömte heraus.

Mose schlägt an den Felsen, anstatt zu ihm zu sprechen. Kleiner Anlass, große Wirkung. Gott sagt zu Mose, dass er das Volk nicht in das Land der Verheißung führen wird. Warum diese Strafe? Weil der Anlass eben nicht klein war.

Wie Gott in 4. Mose 20,12 erklärt: „Ihr habt mir nicht vertraut und meinen heiligen Namen nicht geehrt, sondern euch selbst in den Mittelpunkt gestellt." Wie bitte? Mose, dieser Riese des Glaubens, soll Gott nicht vertraut haben? Nach fast vierzig Jahren der Gemeinschaft mit ihm?

Es war Mose, der vor (mindestens) zwei Millionen Menschen stand und ihnen Gottes Wort erklärte. Seine Aufgabe war, nur das zu sagen und zu tun, was Jahwe ihm auftrug. Er wusste, dass das hier Gottes Sache war, nicht seine eigene. Aber dort bei dem Felsen strauchelte er. Kein Zweifel, die Israeliten hatten ihn provoziert. Aber Mose kannte Gott besser als jeder andere Mensch, und wem viel gegeben ist, von dem wird auch viel verlangt.

Und so beendete Mose sein Leben auf dem Berg Nebo. Gott zeigte ihm das Land, das er Abraham, Isaak und Jakob verheißen hatte. Dann starb Mose und Gott selbst begrub ihn. Es gab keine Trauerfeier. Niemand wusste, wo Moses Grab war, und so gab es auch keinen Grabstein.

Sie denken vielleicht: Wie traurig. Halt, die Geschichte ist noch nicht vorbei! Sie endet nicht so traurig, wie es an dem Punkt aussieht.

Zum Nachdenken:

In welchen Situationen lassen Sie sich so von Ihren Gefühlen (zum Beispiel Ihrer Wut) beherrschen, dass es schwierig für Sie wird, Gottes Anweisungen zu folgen?

50. Mose im Verheißenen Land

Plötzlich standen zwei Männer da und redeten mit Jesus: Mose und Elia. Auch sie waren von hellem Licht umgeben und sprachen mit Jesus über seinen Tod, den er nach Gottes Plan in Jerusalem erleiden sollte. (Lukas 9,30-31)

Mose wollte Gottes Herrlichkeit sehen. Er erhaschte nur einen kurzen, indirekten Blick auf sie, als er in seiner Felsspalte saß und Gott an ihm vorbeiging. Doch Gott sollte sein Gebet noch ganz erhören, nur nicht so, wie Mose erwartet hatte. Nach mehr als tausend Jahren stand er tatsächlich von Angesicht zu Angesicht dem großen „Ich bin" gegenüber. Es geschah auf einem Berg, den die Christen den „Berg der Verklärung" nennen.

Dieser Berg liegt im Verheißenen Land. Jesus nahm drei seiner Jünger mit auf den Gipfel, und als er dort betete, verwandelten sich sein Gesicht und seine Kleider. Die Jünger sahen ihn als herrlichen, göttlichen König, dessen Gesicht wie die Sonne strahlte und dessen Kleider gleißend weiß waren. Und dann standen plötzlich zwei Männer bei ihm. Der eine war Mose. Mose kam also doch noch in das Verheißene Land, und das in der allererlauchtesten Gesellschaft von Jesus und Elia!

Mose findet sich hier in einer höchst einflussreichen Position wieder, als Mitglied eines himmlischen Rates. Das Thema dieser Besprechung bewegt mich tief. Die drei unterhielten sich über den „Exodus" von Jesus, der in Jerusalem geschehen würde. Jetzt verstand Mose endlich, warum Gott damals sein Angebot, das Sühneopfer für die Hebräer zu werden, nicht annehmen konnte; dieses Opfer würde Jesus vollbringen. Jetzt erkannte er auch den tieferen Sinn all der Opfer in der Stiftshütte und später im Tempel; sie waren lauter Hinweise auf das endgültige Opfer auf Golgatha.

Hier kommen die Repräsentanten des Alten Bundes: Mose und Elia zusammen mit dem Mittler des Neuen Bundes: Jesus, als er vor dem Ende seines Lebens und Dienstes stand, und wer kam da mehr infrage als Mose und Elia? Mit wem konnte er besser über Golgatha sprechen? Wer sonst konnte begreifen, was dort bald geschehen würde? Petrus, Jakobus und Johannes waren noch nicht imstande, die tiefe Bedeutung des Todes ihres Meisters zu erfassen. Mose konnte sie erfassen. Jetzt wurde es glasklar: Alles was Gott beim Auszug aus Ägypten und beim Einzug in das Verheißene Land gesagt und getan hatte, war letztlich ein Finger, der auf diesen Augenblick hier zeigte.

Es waren sehr wenige, die den König Jesus dort in seiner unverhüllten Herrlichkeit auf dem Berg der Verklärung sahen. Diese Herrlichkeit entstand nicht dadurch, dass Jesus gleichsam etwas hinzugefügt wurde, sondern die Decke, unter der er auf der Erde lebte, wurde weggezogen. Dies hier – das war der wirkliche Jesus, der, der seine himmlische Herrlichkeit abgelegt hatte, um sich zu erniedrigen und ein Mensch zu werden. Dies war die Herrlichkeit, die Gott Mose in 2. Mose 34 nicht zeigen konnte. Diese Herrlichkeit wurde vollkommen sichtbar am Kreuz, an welchem die Gnade, Liebe, Barmherzigkeit und Vergebung Gottes ihren vollen Ausdruck fanden.

Jetzt begriff Mose und es fiel ihm wie Schuppen von den Augen: Sein Exodus-Auftrag galt nicht nur für das Volk der Hebräer, er galt für die ganze Welt!

Zum Nachdenken:

Können Sie durch das Leben und den Dienst von Mose vielleicht etwas Neues im Leben von Jesus sehen?

Nachwort: Wir haben die Wahl

*Nach Mose hat es keinen Propheten mehr gegeben, dem der
Herr von Angesicht zu Angesicht begegnet ist.*

(5. Mose 34,10)

Mose ist in der ganzen Bibel einzigartig. Unter all den Helden des Glaubens ist er der größte. Sein Einfluss ist in allen 66 Büchern der Bibel zu spüren. Jesus nannte ihn den, der über ihn geschrieben hatte. Was machte Mose zu solch einem Glaubenshelden?

- Es begann mit einer Entscheidung: Mose beschloss, sich mit dem Volk Gottes zu identifizieren.
- Dieser Same ging auf, als Mose Gottes „unerfüllbaren" Auftrag annahm, ein Volk aus der Sklaverei herauszuführen.
- Alles, was Mose tat, tat er im Vertrauen auf Gott. Es war Gott, der während der Wüstenwanderung all die Wunder wirkte. Mose war lediglich sein menschliches Werkzeug.
- Es reichte Mose nicht, Gottes Taten zu erleben; er wollte sein Herz kennenlernen und seine Herrlichkeit sehen.
- Seine Beziehung zu Gott wurde zu einer engen Freundschaft.
- Mose war ein außerordentlich demütiger Mann. Weil er sich Gott völlig zur Verfügung stellte, konnte Gott durch ihn große Dinge tun (vgl. 4. Mose 12,3).

So wurde Mose Gottes Sprachrohr für den Pharao und der Held eines Volkes, das er durch seine kühnen Gebete rettete. Er war ein Vorbild des Glaubens, der das Unmögliche tun konnte. Er identifizierte sich so mit Gottes Herz, dass er ein prophetischer Vorläufer des leidenden Christus wurde.

Und all dies tat ein Mann, der für den größten Teil seines Lebens weniger über Gott wusste als Sie und wir. Er hatte noch nicht die Bibel; ihre ersten fünf Bücher wurden schließlich nach ihm benannt. Er wusste noch nichts von Christus. Wir haben Mose so viel voraus. Und doch kann er uns ein Ansporn für unsere Glaubensreise sein.

Moses Leben zeigt uns, dass es nicht das Ziel unseres Glaubenslebens ist, Christus als unseren Heiland anzunehmen, sondern der Anfang. Es ist der Anfang eines Glaubensabenteuers. Gott hat nicht nur Mose, sondern jedem von uns einen Auftrag gegeben. Jesus hat seinen Jüngern befohlen, alle Völker zu Jüngern zu machen (Matthäus 28,19). Sie sind dazu berufen, ein Jünger zu sein und andere zu Jüngern zu machen. Jünger sein – das ist die Einladung, Jesus nachzufolgen und ihn als unseren Freund kennenzulernen. Es ist der Auftrag, alles zu tun, was Jesus uns geboten hat, weil er uns liebt. Es ist der Entschluss, sich von Gott gebrauchen zu lassen, um seinen Auftrag zu erfüllen – wir nennen ihn den Missionsbefehl: die frohe Botschaft vom Reich Gottes in eine verzweifelte, kaputte Welt zu tragen. Unmöglich zu erfüllen, sagen Sie? Keineswegs, erwidert Jesus, denn in diesem Missionsaufrag verspricht er auch: „Mir ist gegeben alle Gewalt im Himmel und auf Erden" und: „Ich bin bei euch alle Tage bis an der Welt Ende" (Matthäus 28,18+20).

Mose zeigt uns, dass es für die Tiefe unserer Beziehung zu Gott keine Grenzen gibt. Und ebenso wenig für das Maß, in dem er uns gebrauchen kann, wenn wir seinen Anweisungen folgen. Worauf warten wir noch? Beginnen wir das Abenteuer!

Zum Nachdenken:

Was ist Gottes Auftrag an Sie? Was ist der nächste Gehorsamsschritt für Sie?

Der Dienst von Open Doors

Über 100 Millionen Menschen leiden heute aufgrund ihres christlichen Glaubens unter Benachteiligung und Verfolgung. Manchen wird verboten, Gottesdienste zu besuchen oder sich zum Gebet zu versammeln. Wieder andere werden wegen ihres Glaubens an Jesus Christus gefoltert oder gar ermordet. Open Doors ist ein überkonfessionelles christliches Hilfswerk, das sich seit 60 Jahren weltweit für verfolgte Christen einsetzt.

Wie es begann

Die Arbeit begann 1955 mit dem Schmuggeln von Bibeln hinter den Eisernen Vorhang. Damals brachte der Holländer Anne van der Bijl, der als Bruder Andrew oder – nach seiner Bestseller-Autobiografie – als „Der Schmuggler Gottes" bekannt wurde, Bibeln in Länder von Polen bis nach China. Heute ist Open Doors in rund 50 Ländern aktiv, vor allem in Asien, Afrika sowie dem Nahen und Mittleren Osten.

Schwerpunktbereiche unseres Dienstes

- Verteilung von Bibeln und christlichem Schulungsmaterial
- Ausbildung von Pastoren und Mitarbeitern der Untergrundgemeinden
- Gefangenenhilfe und Unterstützung der Familien von ermordeten Christen
- Aufbau von Zufluchtsstätten für ehemalige Muslime, die Christus angenommen haben
- Soziale Hilfsprojekte für mittellose Christen in der Verfolgung (Hilfe zur Selbsthilfe)

- Nothilfeprojekte in Konflikt- und Katastrophengebieten
- Information, Gebets- und Hilfsaufrufe an die Christen in der freien Welt

Was Sie tun können

Wer für verfolgte Christen beten möchte, kann das monatliche Open Doors-Magazin kostenlos beziehen. Darin gibt es aktuelle Berichte von der verfolgten Kirche, konkrete Gebetsanliegen für jeden Tag des Monats und Projektbeispiele.

Darüber hinaus gibt es eine Vielzahl von Möglichkeiten, sich für verfolgte Christen zu engagieren. Gerne kommen Mitarbeiter von Open Doors auch zu Vorträgen oder zu Predigten in Ihre Gemeinde. Sprechen Sie uns an:

Open Doors Deutschland
Postfach 1142, 65761 **Kelkheim**
Telefon +49-(0)6195-6767 0
Telefax +49-(0)6195-6767 20
Internet: www.opendoors.de
E-Mail: info@opendoors.de
Postbank Karlsruhe,
BLZ 660 100 75, **Konto** 315 185 750
IBAN: DE 67 6601 0075 0315 1857 50
BIC: PBNKDEFF

Open Doors Schweiz
Postfach 147
CH-1032 Romanel s/Lausanne
Telefon +41-(0)21-731 01 40
Telefax +41-(0)21-731 01 49
Internet: www.opendoors.ch
E-Mail: info@opendoors.ch
Postkonto Schweiz: 34-4791-0

www.facebook.com/opendoorsDE

Bruder Andrew/ Al Janssen

Verräter ihres
Glaubens

*Das gefährliche Leben von
Muslimen, die Christen werden*

416 Seiten, Taschenbuch
ISBN 978-3-7655-4019-6

Als der Muslim Ahmed Christ wird, muss er untertauchen.
Bald lernt er andere junge Leute kennen, denen es genauso
geht. Tastend suchen sie nach einem Weg. Er könnte sie das
Leben kosten. Dies ist ihre atemberaubende Geschichte, die
sie ihrem Freund Bruder Andrew erzählt haben.

BRUNNEN VERLAG GIESSEN
www.brunnen-verlag.de

Bruder Andrew/
S. deVore Williams

Gott versetzt Berge – wenn wir ihn darum bitten

Erfahrungen des „Schmuggler Gottes" mit der Macht des Gebets

160 Seiten, Taschenbuch
ISBN 978-3-7655-3897-1

Aufrüttelnde Einsichten eines Menschen, der immer wieder alles auf die „Karte Gottes" gesetzt hat. Aber darf man wirklich Gott bitten, seine Pläne zu ändern? Sollten Christen nicht immer beten: „Dein Wille geschehe?" Der „Schmuggler Gottes" stellt infrage, was er christlichen Fatalismus nennt. Er belegt mit aufregenden Einblicken in seine eigenen Gebetserfahrungen: Gott versetzt sogar „Berge", wenn wir ihn bitten …

BRUNNEN VERLAG GIESSEN
www.brunnen-verlag.de

Bruder Andrew mit
John & Elizabeth Sherill

DER SCHMUGGLER GOTTES

**Er wusste nie,
ob hinter der Grenze
Tod oder Leben
auf ihn wartete**

Paperback, 13,5 x 20,5 cm
336 Seiten, Nr. 395.390
ISBN 978-3-7751-5390-4

Sie nannten ihn »Schmuggler Gottes«. In einem VW-Käfer
fuhr er Bibeln hinter den »Eisernen Vorhang«. Sein Name:
Anne van der Bijl. Sein Pseudonym: »Bruder Andrew«. Er
gründete die Organisation »Open Doors«, deren Arbeit von
Osteuropa bis hin nach China reicht. Er riskierte sein Leben
für Gott und die Menschen, denen er die Gute Nachricht
brachte.

Eine unglaubliche Lebensgeschichte – weltweit mehr als
10 Millionen verkaufte Exemplare. In der vorliegenden Ausgabe in größerem Format, mit frischem Layout und Original-
fotos.

SCM Hänssler im SCM-Verlag GmbH & Co. KG